大村敦志 著

新
基本
民法

Nouveau droit civil fondamental

不法
行為編

Restitutions-Responsabilité

第2版

法定債権の法

有斐閣

■ 第2版はしがき

『新基本民法』シリーズは，2014年から2017年にかけて刊行された。この間，2017年6月にはいわゆる債権法改正が実現した（2020年4月施行）。また，シリーズ完結後の2018年6月には成年年齢の引下げ（2022年4月施行），7月には相続法改正（2019年7月施行，一部は2020年4月施行），そして2019年6月には特別養子法の改正（2020年4月施行）がこれに続いた。本シリーズでは，債権法改正については法案の段階で織り込み済みではあるが，改正法が成立し施行日も定まった今日，旧法と法案とが併記されたままの記述は煩わしく感じられる。また，その後の改正である2018年・2019年の三つの改正についても，可能な限り早い時期に対応することが望まれる。そこで，順次，版を改めて必要な増補を行うこととした。初版の場合と同様，2,3年のうちには作業を完結させたいと考えている。

民法改正は今後も進む。法制審議会は2019年2月には特別養子法の改正要綱を取りまとめると同時に，所有者不明土地に関する改正のための部会を設置した。また，実親子関係や非典型担保についても，立法に向けて研究会が設置されている。それゆえ，第2版の刊行後もほどなく改訂が必要になることが予想される。あまり遅れることのないように対応していきたいと考えているが，改訂が遅れそうな場合には（第2版について言えば，相続編の改訂までには多少時間がかかる），暫定的な措置として有斐閣のウェブサイトに改正法に関する解説を掲載することも検討しているので，そちらもあわせてご覧いただきたい。

初版と同様に第2版についても，シリーズ全体としては有斐閣法律編集局書籍編集部長の藤本依子さんにご担当いただいているが，本巻に関しては，同編集部の中野亜樹さんを煩わせた。この場を借りてお礼を申し上げる。

2020年2月

大 村 敦 志

■ 初版はしがき

　『新基本民法』シリーズは，2001年から2004年にかけて初版が公刊された『基本民法』シリーズを引き継ぐものである。執筆にあたっての考え方は旧シリーズと同じであるので，後掲の「基本民法Ⅰ・初版はしがき」をご覧いただきたい。ただし，旧シリーズが民法典の前3編（総則・物権・債権）を対象とする3巻本であったのに対して，新シリーズにおいては，私の勤務校以外での使用の便宜も考えて既刊の3巻を6冊に分けるとともに，親族・相続を対象とする2冊（2008年度・2010年度の講義ノートをもとにしている）を新たに加えることとした。その結果，総則編・物権編・担保編・債権編・契約編・不法行為編・家族編・相続編の計8冊となる。

　8冊には法典順に巻数を付したが，これとは異なる組み合わせでの利用も考えられる。私は勤務校では，総則編と物権編，担保編と債権編，契約編と不法行為編，家族編と相続編とをセットにして用いるが，自由なカリキュラム編成が許されるならば，民法全体のうち家族編・物権編・不法行為編（「人の法」6単位），契約編・債権編・総則編（「契約関係の法」6単位）を必修科目とし，相続編（2単位），担保編（2単位）を選択科目とするのも一案だと考えている（新シリーズはほぼこの順序で公刊する予定である）。ほかにもいくつかの編成方法が考えられよう。

　旧シリーズの刊行終了から新シリーズの刊行開始までの10年間には，いろいろなことがあったが，とりわけ，法科大学院の発足と民法の全面改正への着手が大きな出来事であった。当初は活気を見せていた法科大学院にも，司法試験合格率の見かけ上の低下に伴い，受験指向の強い学生が増えてきたと言われる。それでも，基本を理解することの必要性は依然として変わらない。民法の改正がこの先どのように進んで行くのかはわからない。とはいえ，変化していく民法の姿をその骨格において把握することはますます重要になるだろう。

　なお，旧シリーズに対しては，内容はわかりやすいが簡素に過ぎる，という批判があった。しかし，教科書には骨子が書いてあればよく，授業においては教科書を使いつつ，それとは別の話を行うのがよい。私自身もこれまでそうしてきたし（その内容の一部は『もうひとつの基本民法』や『民法のみかた』になっている），これからもそうしたいと考えている。

　もっとも，今後の法学部における民法学習のあり方を考えるならば，法システムの説明は簡単でよいとしても，システム外の要素については学習のための手がかりを示した方がよいのかもしれない。また，本格的な民法学習以前に，あるいはこれと並行

して知っておいた方がよいこともある。これらの点については，別の機会を持ちたいと考えている。現時点ではさしあたり，私の他の著作（『民法読解』シリーズのほか『フランス民法』『日韓比較民法序説』や『不法行為判例に学ぶ』『文学から見た家族法』，あるいは『民法総論』や『民法0・1・2・3条』『民法改正を考える』など）で補っていただきたい。

　旧シリーズの刊行に際しては，酒井久雄さんから多大な援助を得たが，新シリーズの構想にあたっては辻南々子さんにお世話いただいたほか，本巻の編集については藤本依子さん，中野亜樹さんを煩わせた。有斐閣の皆さまには，この場を借りてお礼を申し上げる。校正を手伝って下さった，私設秘書の伴ゆりなさんにも，あわせてお礼を申し上げたい。

2015 年 10 月

大 村 敦 志

■ 基本民法Ⅰ・初版はしがき——本シリーズの趣旨と内容

　『基本民法』シリーズは，大学の法学部（法学科なども含む学部段階における法学専門コース）における民法（財産法部分）の教育・学習のために書かれた全3巻の教科書である。総則・物権総論を扱う本書はその第Ⅰ巻であるが，続いて，第Ⅱ巻（債権各論），第Ⅲ巻（債権総論・担保物権）の刊行が予定されている。

　1　ある法領域の全体を対象とする概説書は，一般に教科書と体系書とに区分され，前者は教育・学習のためのもの，後者は実務（あるいは研究）のためのものであると考えられている。「教科書」として書かれている本シリーズは，もっぱら教育・学習の支援のためのものであり，実務の要請に応えるような詳細な議論を含まない。

　もっとも，一口に「教科書」と言ってみても，その内容は法学教育（法学学習）の目的に応じて多種多様でありうる。一方で，法を外的な観点から観察しようとする研究者を養成するためには，法を現象として理解し批判するための視点・技法・素材を提示する必要があるだろう。他方，内的な観点に立って法の運用に携わる法曹を養成するためには，技能として法の体得が不可欠であると言える。

　将来の専門家（研究者，法曹）をめざす人々の教育は，大学院で，あるいは司法研修所で行われるが，法学部もこれらの人々の基礎教育を担っている。同時に，法学部には，狭い意味での専門家になるのではない多くの人々が在学している。これらの人々は，法と関連のある職業につくこともあるが，そうでないことも多い。法学部は，このような人々の一般教育の責任も負っている。

　それゆえ，「法学部」における法学教育は，基礎教育と一般教育の両面を兼ね備えたものでなければならない。私はこれを「共通教育」と呼びたい。共通教育において重要なのは，法学部で専門的に法を学ぶ者すべてに必要な「共通教養」の形成であると言える。『基本民法』シリーズが，伝達したいもの・習得を呼びかけているものは，このような「法学習者の共通教養としての民法」である（それは一般的な「教養」とは異なる）。

　2　では，ここでいう「共通教養」とは具体的には何であろうか。私は，「実定民法の体系的理解」であると考えている。それは，民法の規範の全体像を一定の精度で把握し，それが内包する考え方に共感するということである。別の言い方をするならば，学習者が民法の規範を「構造化」し「内面化」するのを援助するのが，「共通教育」の任務であるとも言えるだろう。

　「内面化」と「構造化」とは相互に密接な関連を有する。内面化によって構造化が

促進される，逆に，構造化が内面化を補助するという関係にあると言ってよい。実際のところ，意識的な教科書としてはパイオニア的な存在であると言ってよい鈴木禄弥教授の教科書（1964年の『物権法講義』，68年の『相続法講義』に始まり，1980〜88年の『債権法講義』『民法総則講義』『親族法講義』により完結）は，この双方の目的に配慮した優れたものであった。その後にも優れた教科書は少なくないが，制度趣旨や利益考量を重視する星野英一教授の『民法概論』シリーズ（1971〜78年）は内面化の側面に，斬新な体系的再編をはかる北川善太郎教授の『民法講要』シリーズ（1993〜94年）は構造化に，とりわけ意を用いたものであると言えるだろう。

　新時代の教科書として大いなる成功をおさめた内田貴教授の『民法』（1994年〜）は，これらの営みの延長線上に位置づけることができる。そこでもまた内面化・構造化の試みが展開されている。しかし内田『民法』にはさらなる革新が認められる。ビジュアルな紙面構成も印象的であったが，昨今では色刷り・図表は珍しくなくなった。類書と一線を画するのは，学習者の視点に立った段階的な展開と厚い叙述にあると言うべきだろう。この手法によって，高いレベルで内面化・構造化の連結が達成されているのである。

　厚い叙述や立ち入った議論の展開は，内田『民法』の独擅場であり，現時点において新たな書物をつけ加える意義は見出しがたい。内田『民法』の7割程度の紙幅で構成されている本シリーズにおいては，あまり細かな議論には立ち入らずに，制度の趣旨や位置づけなど基本部分の説明に重点を置いた。本シリーズがめざすのは，全体の見通しをよくし相互の関連をつけるということである。「全体の見通しは部分の理解を助ける」というのが本シリーズの掲げるスローガンである。民法の規範の内面化・構造化への第一のルートは内田『民法』によって切り開かれた。本シリーズは第二のルートを試みるものである。その成否は読者の判断に委ねられるが，もし第二のルートが切り開かれるならば，「民法」という巨大な山塊に挑む可能性は増すはずである。山頂に至るという目標は同じであるが，ルートによって乗り越えるべき困難は同一ではないし，途中に広がる風景もまた異なることだろう（なお，本書とほぼ同時期に公刊される山本敬三教授の教科書シリーズは，その発想において本書と共通のものを含むと思われるが，そのスタイルは本書とはかなり異なる。そこにもまた別のルートが開かれつつある）。

　3　ここで，民法と民法学ということに一言触れておきたい。本シリーズが対象とするのは「民法」であるが，ここで言う民法とはいったい何だろうか。民法にはいくつかの側面があるが，本シリーズが扱うのが「実定民法」であることは，先に述べた通りである。そうだとすると，現在において妥当する規範としての民法，すなわち，民法典とそれに附属する特別法そして判例（「法源」と呼ばれる）がそれであるという

ことになるだろう。

　では，学説はどうだろうか。私は，いわゆる「学説」を大きく二つに分けて考えたい。一つは，個々の解釈上の問題に関する学者の考え方である（「ミクロの解釈論」あるいは「意見としての学説」と呼ぶこともできる）。法律や確定判例により直ちに明瞭な結論を導くことができない問題に関する学者の見解は，実務に携わる者にとっては有益な発想源であろう。しかし，教育・学習の支援を目的とする本シリーズにとっては，細かな解釈問題のそれぞれにつき存在する様々な意見を紹介し論評を加える必要は乏しい。一方で，全体像を構成するために必要な限度で，広く共通に承認されている考え方を，他方，基本的な原理を展開させる際の可能性を示すものとして，いくつかの代表的な考え方を，それぞれ紹介すれば足りるのである。もう一つは，ルールや制度の総体に対する学者の考え方である（「マクロの解釈論」あるいは「枠組としての学説」と呼ぶことができる）。「実定民法の体系的理解」という共通教育の目的からすると，こちらを重視すべきであるというのが本シリーズの立場である。

　これまで，後者のような解釈論あるいは学説は，それ自体としてはあまり重視されてこなかったように見受けられる。しかし，われわれが「民法」として意識しているのは，民法典や判例そのものではなく，教科書や体系書によって語られた「民法」であると言うべきだろう。われわれの「民法」像は，その深層において教科書や体系書の枠組により規定されているのである。そうだとすれば，「民法学」のこのような営みを軽視すべきではない。少なくとも，私自身は，「法技術（technique）そのものではなくそれを支える考え方（technologie）へ」向かう民法学を目指している。

　なお，本シリーズはあくまでも共通教育のための教科書である。そのため，様々な事例にルールを適用する「感覚」や歴史や比較法を援用しつつ現行法を批判的に検討する「見識」を養うという観点からは十分なものとは言えないが，このことは，これらの側面に重点を置いた法学教育の重要性を否定するものではない。本シリーズの枠内でも，各巻の末尾に配した「民法学習で大事なこと」と題する項において，本シリーズでは必ずしも十分に取り入れられてはいない重要な視点についての注意を促している。そこで指摘した諸点に留意するならば，共通教養としての民法の学習も一層深まるに違いない。

　4　本シリーズは，直接には，東京大学法学部において私の講義を聴講する学生諸君の学習を支援するために書かれている（2001年度以降の講義では，諸制度につき概括的な説明をするにとどめて，いくつかのテーマを選んでより立ち入った検討を行う予定である。私の講義との関連で言えば，このようなスタイルの講義を可能にするために，本書を公刊することにした）。本シリーズの原型もまた同学部における私の講義ノートである。そのため，本シリーズの各巻は同学部における民法の講義区分，すなわち，第1

部＝総則・物権総論，第2部＝債権各論（用益物権を含む），第3部＝債権総論・担保物権に対応している。

　1963年から行われているこの編成がいかなる理由によって採用されたのかはつまびらかではないが，おそらくは次のような考慮に基づくものと思われる。①民法典の編別にこだわらず，教育効果の観点から再編成を行う。しかし，②民法典の編別をあまり大きく崩すことは避けたい。さらに，③四つ（上記の第1部〜第3部に，第4部＝親族・相続が加わる）の講義に配分される内容の分量はほぼ同量でなければならない。

　これらの要請に，上記の編成はかなりの程度まで応えているように思う。そのポイントは，債権総論と各論の順序を入れ替える，債権総論と担保物権を一緒に講義するという2点にあるが，そこには，具体性・機能性の重視という視点を見てとることができる。もっとも，反面で，財産法部分の三つの講義それぞれの性格がやや不分明になっているように思われる。しかし，この点についても，次のような説明が可能であると言えるだろう。すなわち，人・物・法律行為という基本概念を扱う第1部は「権利の要素」に関するものとして，契約・不法行為など債権の発生原因を扱う第2部は「権利の成立」に関するものとして，そして，成立した権利の実現過程や確保手段を扱う第3部は「権利の実現」に関するものとして，それぞれ総括することができると思われるのである。

　以上のように，民法典の編別を崩した再構成を行うことは，直ちにその価値を全面的に否定することを意味するわけではない。民法典の編別（とりわけ各レベルでの「総則」）の意義と限界については，十分な検討を要するだろう。私も民法総則につき，本書とは別に，より立ち入った検討を行うことを予定している。

　5　〔略〕

　6　本シリーズは，民法のうち「財産法」部分を対象とするものであり，「家族法」（相続法を含む）部分にはいまのところ及ぶ予定はない。第4編親族の部分については『家族法』（1999年）をすでに執筆しているというのが主たる理由である。『家族法』もまた「実定民法の体系的理解」を基本に執筆したが，それ以外の視点（法を通して個人・社会・国家のあり方を考える，民法を他の法律や他の規範との関係でとらえる，など）もかなり加味してある。そのために先端的な問題もとりあげている。対象の性質からして，そのようなアプローチが望ましいと考えたためである。教育・学習に際しても，財産法との共通点に留意する必要はあるものの，家族法の独自性にも相応の配慮が必要であると考えている（この点は，民法の財産法部分と交錯する形で存在する消費者法についても同様であり，そのような観点から『消費者法』〔1998年〕を書いた）。

　結果として，相続法の部分に欠落が生ずることになるが，正直に言って，この難しい法領域にどのようにアプローチすればよいのか，今のところ私には定見がない。も

viii

う少し検討をした上で，いずれ何らかの形で概説書を公刊できればと考えている。

　7　本シリーズの構想を固めるにあたっては，前述のいくつかの教科書シリーズから多くの示唆を得ているが，体系書に属する以下の書物からも学ぶところも多かった。一つは，原理に貫かれた体系を指向する広中俊雄教授の『債権各論講義』（1961 年〜）であり，もう一つは，自明に見える制度趣旨の説明に意を用いた道垣内弘人教授の『担保物権法』（1990 年）である。

　そのほかに，裁判例の事案や制度の変遷の社会的背景につき委曲を尽くして語りかける米倉明教授の『民法講義総則 (1)』（1984 年），歴史的・比較法的な考察を基礎にすえた平井宜雄教授の『債権総論』『債権各論』（1985 年〜）からも少なからぬ刺激を受けた。前述のような理由により，本シリーズにおいてはこれらの視点は必ずしも前面には出てこないが，巻ごとに異なる方式で，少しずつではあるがこれらの視点をも加えている。

　さらに，叙述を進めるにあたっては，潮見佳男教授の『債権総論』『不法行為』（1994 年〜）から，新しい問題を見い出してこれを論ずる姿勢を，能見善久教授による四宮和夫『民法総則』（初版，1972 年）の第 5 版（1999 年）からは，伝統的な理論と新しい考え方のバランスのとり方を，加藤雅信教授の『事務管理・不当利得』（1999 年）からは，自己の研究の教科書への反映のさせ方を，それぞれ学んだ。本シリーズでも，可能な範囲で，新たな視点の提示や研究の最前線（私自身のささやかな研究も含めて）の紹介に意を用いている。

　なお，できるだけ平易な叙述をと心がけたつもりだが，その際に，清新なスタイルを持った『法学セミナー』誌上の一連の連載（池田真朗・山野目章夫・沖野眞已各教授によるもの。前二者は今日では，『スタートライン債権法』『初歩から始める物権法』として公刊されている）などを参考にしたことも付言しておこう。

　もちろん，内容についても，上記の，そして上記以外の教科書・体系書（主なものは各巻の「はじめに」に掲げた）を含む多くの先学の研究成果に負うことは言うまでもない。教科書としての性質に鑑みて詳細な引用は行っていないが，この場を借りてご海容を乞うとともに感謝の意を表させていただく。

　8　〔略〕

2001 年 3 月

大 村 敦 志

付記（2014 年 10 月）

　初版執筆にあたっては，何人かの方々にモニターとして試読をお願いし，有益なコメントをいただいた。当時，学生であった方々の中からは，少なからぬ数の研究者が

現れた。私が把握している限りでも，藤田貴宏（獨協大学），大澤彩（法政大学），小林和子（筑波大学），坂口甲（大阪市立大学），中原太郎（東北大学），竹中悟人（学習院大学），大島梨沙（新潟大学），木村敦子（京都大学）の各氏がおられる。また，その他の方々を見ても，裁判官や弁護士になった方が多い。いまは次世代を担う若き同僚となられた方々に改めてお礼を申し上げるとともに，優秀な学生を推薦して下さった各地の同僚諸教授にも重ねてお礼を申し上げる。

目　次

■ 略 目 次

■ 細 目 次

■ 略語について

(1) 法 令

　民法については，文脈上明確にすることが必要な場合を除き，条・項・号のみで表記した。その他の法令名については，有斐閣『六法全書』の「法令略語」によった。

(2) 判 例

　下記のように略し，末尾に，『民法判例百選Ⅱ〔第8版〕』（有斐閣，2018），と，『民法判例集 債権各論〔第4版〕』（有斐閣，2020）の事件番号を付した。

例　最判平 12・9・22 民集 54-7-2574 [88]〈141〉
　　＝最高裁判所平成 12 年 9 月 22 日判決，最高裁判所民事判例集 54 巻 7 号 2574 頁
　　　所収。[88] は，『民法判例百選Ⅱ〔第8版〕』の 88 事件，〈141〉は，『民法判
　　　例集 債権各論〔第4版〕』の 141 事件を表す。

最(大)判（決）　最高裁判所(大法廷)判決（決定）
大(連)判（決）　大審院(連合部)判決（決定）
高　判（決）　高等裁判所判決（決定）
控　判（決）　控訴院判決（決定）
地　判（決）　地方裁判所判決（決定）
〈判例集〉
民　集　大審院民事判例集，最高裁判所民事判例集
民(刑)録　大審院民事(刑事)判決録
高民集　高等裁判所民事判例集
下民集　下級裁判所民事裁判例集
新　聞　法律新聞
判　時　判例時報
判　タ　判例タイムズ

※カタカナ書きの条文・判決文については，ひらがな書きにして引用した。

（3）文　献

以下のものは，略称（**太字**）で引用する。

〈本シリーズ姉妹編〉

もうひとつ　もうひとつの基本民法Ⅰ・Ⅱ（有斐閣，2005，2007）

　　　　　　　　Ⅰ-1　＝　ⅠのUNIT 1を示す。

みかた　民法のみかた──『基本民法』サブノート（有斐閣，2010）

　　　　　　　1-1　＝　Image 1-1を示す。

不法行為判例　不法行為判例に学ぶ──社会と法の接点（有斐閣，2011）

　　　　　　　　1-1-1　＝　第1部第1章第1節を示す。

〈概説書〉

幾　代　幾代通（徳本伸一補訂）・不法行為法（有斐閣，1993）

内　田　内田貴・民法Ⅱ 債権各論（東京大学出版会，第3版，2011）

加　藤　加藤雅信・新民法大系Ⅴ 事務管理・不当利得・不法行為（有斐閣，第2版，2005）

北　川　北川善太郎・民法講要Ⅳ 債権各論（有斐閣，第3版，2003）

窪　田　窪田充見・不法行為法（有斐閣，第2版，2018）

潮　見　潮見佳男・不法行為法（信山社，1999）

鈴　木　鈴木禄弥・債権法講義（創文社，四訂版，2001）

平　井　平井宜雄・債権各論Ⅱ 不法行為（弘文堂，1992）

広　中　広中俊雄・債権各論講義（有斐閣，第6版，1994）

我　妻　我妻栄・事務管理・不当利得・不法行為（日本評論社，復刻版，1988，初版，1937）

〈講　座〉

民法講座　星野英一編集代表・民法講座（全9巻，有斐閣，1984-90）

民法典の百年　広中俊雄＝星野英一編・民法典の百年（全4巻，有斐閣，1998）

新・現代損害賠償法講座　山田卓生編集代表・新・現代損害賠償法講座（全6巻，日本評論社，1997-98）

■ はじめに

◆ 本書の対象

　本書『新基本民法 6 不法行為編』は，民法典の編別に即して言えば，「第 3 編第 3 章事務管理　第 4 章不当利得　第 5 章不法行為」を対象としている。ただし，本書の編成は，民法典の編別には従っていない。編成の視点については後に述べることとして（⇒総論），ここでは本書が，対象となる「第 3 編第 3 章〜第 5 章」を「法定債権の法（救済と責任の法）」として把握しようとしていることを述べるにとどめる。従来，事務管理・不当利得・不法行為は「法定債権」と総称されてきた。本書もこれを踏襲しており，約定と並んで法律が，債権の主要な発生原因であることを意識するように心がけている。しかし，それ以上に，不法行為（そして不当利得）を中心としつつ，「救済（あるいは責任）の法」としての民法の関係部分を再構成したいという気持ちもある。

　なお，民法典との関係で本書がカバーする範囲を明示し，あわせて叙述の順序に関するイメージも提供するために，この「はじめに」の末尾に二つの図表（対照表と内容関連図）を掲げておくので，随時，参照していただきたい。

◆ 本書の使い方

　もともと講義ノートに由来する本書は，それぞれがほぼ同じ分量の 13 の「ユニット（UNIT）」で構成されている。各 UNIT の内容が一覧できるように，それぞれの冒頭に目次をあらためて掲げてある。独習に際しては，この UNIT を単位に読んでいくとよいだろう。また，新シリーズにおいては，各 UNIT の冒頭に，副題として当該 UNIT を総括する問い（MAIN QUESTION）を掲げたので，この問いを意識しながら読み進めれば，話の筋をたどりやすいだろう。

　本書を読むに際しては，六法（法令集）と判例教材を常に手元に置いて参照してほしい。各 UNIT の冒頭には参照条文を指示してあるので，条文を一読した上で本文に進むとよい（そのうち主なものは条文自体を掲げた。ただし，カタカナ書きの旧規定等はひらがな書きにし，濁点・句読点を補ってある。本文中での条文や判決文の引用についても同様である）。本文を読むに際しても，条文が引用されるたびに六法にあたる必要がある。なお，本文中の判例に付した

[1]，〈1〉などは，それぞれ『民法判例百選Ⅱ〔第8版〕』『民法判例集 債権各論〔第4版〕』（有斐閣）の事件番号を示している。前者は最も一般的な判例教材であり，後者は私が講義の際に用いている判例教材なので，読者の参照の便宜のために事件番号を掲げた。本書中では，判例の事案を必ずしも十分には紹介していないので，ぜひ判例教材にあたっていただきたい。

本文中の**小さい活字の部分**は，講義では省略していた部分，あるいは講義では補足的・追加的に言及した部分である。相対的には重要度が低いが，必要に応じて参照するとよいだろう。注は，①民法以外の条文・判例，②本文で特に言及・依拠している論文および判例・学説を総合的に検討する助けになる論文，③制度趣旨につき特色ある説明をしている教科書類の引用にあてられている（略語については細目次の後に掲げた「略語について」を参照）。

各UNITの末尾には，本文中の重要な文（**KEY SENTENCES**——本文中では色字。本書のメッセージをなすもの）と用語（**TECHNICAL TERMS**——本文中では太字。必ずしも専門用語には限らない）をまとめて掲げたので，復習の際の手がかりとしていただけると思う。また，読書案内（**REFERENCES**）としてあげたのは，各制度についての基本的な研究である（原則として単行本に限っている）。これらの多くが行っている制度理解の新たな試みこそが，学説の本来の任務であると思う。一つでも二つでも，興味のあるものを読んでみてほしい。概略を知るためには，『民法学説百年史』（三省堂）が便利である。

巻末には，条文索引・判例索引のほかに，やや詳しい事項索引をつけた。民法典の順序に従っていない上に，特定の規定・制度に関する叙述が各所に分散している本シリーズを，規定ごと・制度ごとの理解という観点から読み直すためのツールとして利用していただければと思う。

さらに，本シリーズの姉妹編として，『もうひとつの基本民法Ⅰ・Ⅱ』（有斐閣）と『民法のみかた——『基本民法』サブノート』（有斐閣）がある。前者は，本書での学習を終えた後に，個別テーマにつき一歩進んだ検討を行うために，後者は，本書での学習を始める前に民法の全体像をとらえるために，利用していただくことができるだろう。なお，本書中でも各UNITに関連する部分をリファーしている。具体的には，参照条文とあわせて『もうひとつⅠ-1』『みかた1-1』（『もうひとつの基本民法Ⅰ』UNIT 1，『民法のみかた』

Image 1-1 を示す）という形で示している。なお，不法行為については，社会
の変化と判例の対応について検討した大村『不法行為判例に学ぶ』（有斐閣）
もあるので，同様に『不法行為判例 1-1-1』（同書第 1 部第 1 章第 1 節を示す）
という形でのリファーを行っている。

◆ **本書による学習
の後で**　　　ここで，より進んだ学習のための文献・教材につ
いても一言しておこう（なお，以下であげる文献に
ついては，出版社や刊行年は図書館などで容易に検索
できるから，ここでは省略する）。

　まず，民法典の条文の変遷を知るには，前田達明編『史料民法典』がある。
　次に，民法典の起草者の意図を知るためには，梅謙次郎『民法要義巻之三
債権編』（復刻版もあるので，図書館で探してみよう）が有益である。なお，も
う一人の起草者・富井政章も『民法原論』を残しているが，その「第三巻債
権総論」は上巻のみが刊行されており，債権各論部分をカバーしていない。
我妻栄の『民法講義』も事務管理・不当利得・不法行為の部分を欠いている
が，戦前に刊行された我妻『事務管理・不当利得・不法行為』（これも復刻版
あり）がある。加藤一郎『不法行為』，幾代通『不法行為法』（現在では徳本伸
一教授による補訂版が出ている）も，今日では古典になったと言えよう。森島
昭夫『不法行為法講義』，四宮和夫『事務管理・不当利得・不法行為』，前田
達明『民法Ⅵ₂ 不法行為法』も同様か。「基本民法Ⅰ・初版はしがき」（iv
頁）にも掲げた広中俊雄『債権各論講義』，平井宜雄『債権各論Ⅱ 不法行
為』にも，もう一度ふれておこう。この 2 冊は，かつて，私が講義の際に用
いていた教科書であり，本書も大きな影響を受けている。

　比較的最近の**概説書**としては，橋本佳幸ほか『事務管理・不当利得・不法
行為』，吉村良一『不法行為法』，窪田充見『不法行為法』，前田陽一『債権
各論Ⅱ 不法行為法』，潮見佳男『不法行為法Ⅰ・Ⅱ』，藤岡康宏『民法講義5
不法行為法』，平野裕之『民法総合6 不法行為法』，不当利得法につき藤原
正則『不当利得法』などがある。ほかに，民法全体（あるいはその大部分）を
カバーするものの一環として，内田貴『民法Ⅱ 債権各論』，加藤雅信『新民
法大系Ⅴ 事務管理・不当利得・不法行為』，吉田邦彦『不法行為等講義録』
がある。なお，池田真朗『新標準講義 民法債権各論』のように債権各論を

対象とするものもある。これらを本書と対比すれば，民法をより立体的に理解することができるだろう。

逐条の解説を行う**コンメンタール**としては，『注釈民法』『新版注釈民法』がある（『新注釈民法』も刊行中）。個別の解釈問題につき詳しく知りたいときには，チェックしてみよう。なお，不法行為法に関しては，**「講座もの」**と呼ばれるシリーズも充実している（『現代損害賠償法講座』『新・現代損害賠償法講座』）。

学生向きの**演習書**としては，さしあたり民法の財産法部分をカバーする鎌田薫ほか編『民事法Ⅰ〜Ⅲ』，松岡久和ほか『民法総合・事例演習』をあげておく。また，学生向きの法律雑誌『法学教室』には，制度ごとの（あるいは制度を横断した）すぐれた解説論文が掲載されることが多い。

なお，ゼミで小論文を書く，あるいは，卒業論文を書くという人には，学部学生にはやや高度だが，大村敦志＝道垣内弘人＝森田宏樹＝山本敬三『民法研究ハンドブック』が参考になるはずである。

■ 対 照 表

（民法典の編別）	（本書の章立て）
第1編 総 則	⇒総
第3編 債 権	
第2章 契 約	（⇒5-4）
第3章 事務管理（697条～702条）	⇒5-2
第4章 不当利得（703条～708条）	⇒5-1
第5章 不法行為	
〔一般不法行為〕（709条～713条）	⇒序，1（709条～711条）
	⇒2-1（709条）
〔特殊な不法行為〕（714条～718条）	⇒4（715条・717条）
〔周辺規定〕（719条～724条の2）	⇒1-2（724条・724条の2）
	⇒2-2（723条）
	⇒3-1（719条）
	⇒3-2（722条）

＊「1-1」は，本書の「第1章第1節」を表し，「総」「序」「補」はそれぞれ「総論」「序論」「補論」を表す。

6

■ 内容関連図Ⅰ──各巻の関連

1 権利中心の見方（旧シリーズ。親族・相続を含まない）

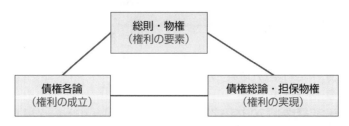

2 人中心の見方（新シリーズ。親族・相続を含む）

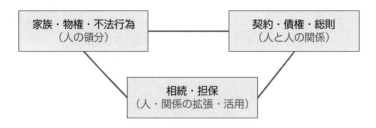

■ 内容関連図Ⅱ──本巻の内容

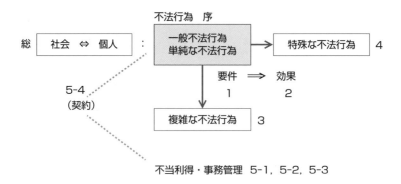

総論 救済と責任

■ UNIT 1　救済と責任——不法行為法のはたらきは？

■参照条文■　民法 697 条，703 条，709 条，旧民法財産編 295 条

Ⅰ　本書の対象——契約と事務管理・不当利得・不法行為

1　約定債権と法定債権

　民法典の債権編は五つの章からなる。本書はそのうちの第 3 章〜第 5 章を対象とする。この部分は，第 2 章とあわせて「債権各則」と呼ばれて第 1 章の債権総則と対比される一方で，第 2 章との関係では，「**法定債権**」と呼ば

れることがある。第2章に置かれた「契約」に関する諸規定が「**約定債権**」を発生させるのに対して，第3章「事務管理」，第4章「不当利得」，第5章「不法行為」は「法定債権」の発生原因であるというわけである。

　もっとも，「法定債権」という言葉の使い方には注意が必要である。というのは，事務管理・不当利得・不法行為はいずれも約定なしで債務を発生させる点では「法定債権」と呼べるが，義務者の所為と全く無縁に債務が発生するのかと言えば，多くの場合にはそうではないからである。このことの意味は，義務者の所為とは無関係に，純粋に法律の規定のみから義務が発生する場合と対比するとより明確になる。その典型例は親族間の扶養義務（877条）である。扶養義務は，一定の親族関係があれば，いかなる所為も介在することなく発生する点で，事務管理・不当利得・不法行為とは異なっている。旧民法財産編に置かれた次の規定は，この違いを意識したものであると言える（旧民法においては事務管理は不当利得の一類型とされていた）。

旧民法財産編 295 条　義務は左の諸件より生ず
　第1　合意
　第2　不当の利得
　第3　不正の損害
　第4　法律の規定

　以上のように，事務管理・不当利得・不法行為は，約定なしに義務が発生するという点において，法定の債務発生原因であると言える。しかし，多くの場合には行為者の何らかの所為が介在してはじめて債務が発生するとされていることに注意する必要がある。

　契約責任と不法行為責任　　契約責任は契約の不履行から生ずる責任であるのに対して，不法行為責任は法律が課した義務の不履行から生ずる責任であると言える。両者は責任の発生根拠において異なっている。前者は約定債務であり，後者は法定債務である。しかし，いずれも設定された義務を履行しないという所為に対して責任が問われる点では共通している。

② 法定債権の領分

その性格がはっきりしない事務管理はさしあたり別にして，不当利得や不法行為はなぜ独自の債務発生原因として観念されているのか。この点については，不当利得や不法行為は主たる法秩序を補完するものである，と説明することがまず考えられる（**図表 1-1 左**）。すなわち，物が失われて物権的請求権が行使できないとしても，不当利得の返還請求や不法行為による損害賠償請求は可能である。また，契約にもとづいて特別な義務を負っていないとしても，一般的な義務に反するのであれば，それは不法行為であるということになる。

これとは別に，次のような説明も考えられる。私たちは，他人に対して一定の義務を負う。それは不法行為法や不当利得法によって基礎づけられる。ただ，当事者間に特別な契約関係が事前に存在するのであれば，当事者の関係は不法行為法や不当利得法によるのではなく，当該契約によって規律されることになる。つまり，不当利得や不法行為こそが基本的な義務の発生原因であり，契約は当事者間に固有の義務を発生させる特別な義務発生原因であるとも考えられる（**図表 1-1 右**）のである。

図表 1-1

契約あり→契約なし

一般的な関係→特殊な関係

③ 法定債権の中での不法行為の重要性

法定債権には，（純粋な法定債権は別にするとしても）事務管理・不当利得・不法行為以外のものが存在しないわけではない。しかし，この三つが主要なものであると言える。なかでも，不法行為は，社会的に重要な意味を持って

いる。

　そこで，以下，本書においては，紙幅の大部分を不法行為について説明することにあて（**序章〜第4章**），その後に不当利得や事務管理などその他の債務発生原因について触れ（**第5章第1節〜第3節**），最後に契約と不法行為の関連について一言する（**第5章第4節**）。

　総論の残りの部分では，「不法行為法の機能」について，従来論じられたことを概観した上で（**Ⅱ**），「不法行為法による社会形成」について検討する（**Ⅲ**）。なお，**補論**では，本論で述べたことを参照しつつ，「社会変動と民法」という観点からのまとめを行う。

Ⅱ　不法行為法の機能

1　損害塡補か制裁か

　不法行為法は何のために存在するのか。その機能は何か。この問いに対しては，**損害塡補**と**制裁**とがあげられることが多い。

（1）　被害者の救済

　日本では，不法行為法の目的として損害の塡補による被害者の救済があげられてきた[1]。社会的な規範に違反する行為に対する制裁は刑法によって行われるのであり，民法は発生した損害を塡補することを任務とするというのが，長年にわたり標準的な考え方とされてきた。しかし，たとえば英米法では，不法行為法の制裁機能が重視され，懲罰的損害賠償が認められており[2]，従来の日本法の考え方が絶対であるというわけではない[3]。

（2）　財と市場の保障

　しかし，近年では日本でも，損害賠償の制裁的な側面への関心が高まりつつある。その契機となったのは，知的財産権などの無断使用への対応である。この場合に，被侵害者が被った損害だけを賠償すればよいのか，それとも侵

---

1)　加藤3頁，幾代3頁ほか。なお，我妻95頁は損害の公平な分配を掲げる。
2)　田中英夫＝竹内昭夫・後掲書（**REFERENCES**）に詳しい。
3)　窪田19頁以下は，この点を重視する。

害者が得た利益を保持させるべきではないので，それを吐き出させるべきか。不法行為法の機能を損害塡補に限るならば前者にならざるをえないが，制裁の面を重視するならば後者も不可能ではなくなるからである。

　議論に決着がついたわけではないが，有体の財産（および人身）を保護するだけでなく，法制度によって創り出されている新たな財とそれが流通する市場を守るためには，制裁機能を十分に働かせることが必要であるという考え方が強まりつつある。

> 　**現実の被害か仮想の被害か**　　以上の対立は，損害賠償の対象を現に発生した損害に限るのか，そうではなく，ありうる利益や秩序が害されていることまで損害と観念するかという違いに由来するとも言える。もっとも，こうした発想の違いは，従来の議論の中にも含まれていた。たとえば，現実の損害（積極的損害）の賠償は容易に認められるが，得べかりし利益（逸失利益）については，これを損害として認定するためには，いくつものフィクションが必要になるからである。

2 　紛争解決か政策形成か

（1）　政策形成訴訟の登場

　後述するように（⇒**序章**），四大公害訴訟に代表される一連の公害訴訟は，不法行為理論の発展に著しく貢献しただけでなく，日本の環境政策にも影響を及ぼした。日本では，従来，民事訴訟は当事者間の紛争解決を目的とすると考えられてきたが，この経験を通じて，政策形成を目標とする民事訴訟がありうることが明らかになった。その結果，訴訟には**紛争解決型**と**政策指向型**があるとされ，前者においては伝統的な法＝正義思考がとられるのに対して，後者においては目的＝手段思考が前面に現れるという指摘がされた[1][2]。

（2）　紛争でも政策でもなく

　以上の指摘は 1970 年代の不法行為法の発展をふまえたものであったが，

---

1)　平井・後掲書（**REFERENCES**）。
2)　吉田 126 頁以下は，人種・民族抗争に関する不法行為訴訟を新たな政策形成訴訟と位置づけている。不法行為判例第 2 部第 5 章「歴史と裁判」も参照。

その後の不法行為法の展開は，これとは別の見方を示唆している。すなわち，単に当事者間の紛争を解決するのでも，特定の政策に影響を与えるのでもなく，ある権利・利益の社会的な承認が求められることがある。1980 年代以降は，いわば承認獲得型の訴訟が目立つようになってきているのである[1]。

Ⅲ　不法行為法による社会形成

1　権利の確認と生成

（1）　救済と責任

近時の不法行為法学の動向として注目すべきなのは，（上記の制裁機能の強調とならんで）**権利論の復権**ともいうべき現象であろう。確かに，不法行為法は損害を補塡するが，同時にそれは権利侵害に対する救済を与えるものである。「各人に各人のものを」というのが正義の基本であるとすれば，まさに不法行為法はこれを実現するものである。他方，不法行為法は単に損害を補塡すればよいとするものでもない。賠償が求められるのは，そこに保護されるべき権利があるとされ，その侵害の責任が問われるからである。救済は被害者の側に，責任は加害者の側に重点を置いた見方であるが，いずれも権利の存否によって賠償の可否を基礎づける点では共通している。

（2）　社会関係の再編

救済が求められ責任が問われるのは，既存の権利に対する侵害ばかりではない。今日においては，不法行為訴訟を通じて，従来の権利が確認されるとともに，新たな権利が承認されることに着目する必要がある。言い換えれば，私たちは，日々，不法行為法を通じて，社会関係を再編しているのである。その意味で，個人の権利保護は，社会秩序の再編と表裏一体の関係にある。西洋語において droit（仏）ないし Recht（独）が「法＝権利」という二重の意味を持つのは，このことの現れにほかならない。不法行為法は**「法＝権利」のための闘争**の最前線をなすのである[2]。すぐ後で述べる（⇒**序章**）不法

---

1)　1980 年代以降の不法行為法の（一つの）動向につき，大村・不法行為判例に学ぶ（有斐閣，2011）第 2 部現代編を参照。

2)　イェーリング（村上淳一訳）・権利のための闘争（岩波文庫，1982）参照。

行為法の発展を振り返るならば，このことは直ちに理解されるはずである。

②　権利体系の変容？

（1）　権利の体系化へ

後に見るように（⇒**第1章第1節**〔UNIT 3/4〕），不法行為法による保護法益（被侵害利益）は時代の進展に伴って拡張してきた。ある時期までは，これらは生活領域に即した形で類型化されていたが，しばらく前からより理論的な観点から体系化の試みがなされるようになっている。本書における保護法益の整理は，そのうちの有力な見解によっているが[1]，これによれば，保護法益は，①財産から人格へ，②中核から外郭へ，という二つの方向で拡張しているという。

不法行為法における保護法益を権利のみと考えるか，権利＋利益と考えるかという点には議論があるものの，このような体系化は，将来に向けて保護法益の拡張とその限界を考えていく際の指針となるだろう。

> **709条の改正**　　民法は2004年に現代語化が図られたが，その際に，異論のない判例・学説の成果に限って明文化するという方針がとられた。これにより，709条の「権利」に「法律上保護される利益」が付加されたが，実はこの改正には次のような異論もある。従来の「権利」は「法律上保護される利益」を含む概念でありえたが，「法律上保護される利益」が付加されたために「権利」はこれを含まない狭いものとなってしまったというのである。もっとも，現行規定の下でも「法律上保護される利益」を含む広義の権利を考えることは不可能ではない。

（2）　人格権規定は必要か？

709条がいう「権利」に「財産権」のほかに「人格権」が含まれることに異論はない。起草者たちはそう考えていたし，条文上も，710条が「他人の身体，自由若しくは名誉」と「他人の財産権」とを併記していることから，

---

1)　広中446頁以下。

人格権としての身体・自由・名誉が保護されることは明らかである。

　では，人格権に関する規定は不要だろうか。侵害に対して損害賠償だけではなく事前の差止めを認めるには，人格権が物権類似の絶対権であることを示す規定があった方がよい。もっとも，今日，判例は**人格権に基づく差止請求**を認めているので（最大判昭61・6・11民集40-4-872［百選Ⅰ-4］〈169〉北方ジャーナル事件），規定がないために支障をきたすことはない。

　しかし，二つの理由から，人格権に関する規定を民法典の冒頭近く（基本原則の部分または人の部分）に置くことが望まれる。前述の**権利の体系化**をより明確にするために，というのが一つの理由であり，民法における**人格の尊重の基底性**を明確にするために，というのがもう一つの理由である。承認獲得型の訴訟の多くが人格的利益にかかわるものであることを考えるならば，人格権に関する明文の規定の導入は，この傾向を方向づけるものともなるだろう。

MAIN QUESTION

不法行為法のはたらきは？

KEY SENTENCES

■事務管理・不当利得・不法行為は，約定なしに義務が発生するという点において，法定の債務発生原因であると言える。しかし，多くの場合には行為者の何らかの所為が介在してはじめて債務が発生するとされている。

■不当利得や不法行為は主たる法秩序を補完するものである，と説明することがまず考えられる。……（しかし）不当利得や不法行為こそが基本的な義務の発生原因であり，契約は当事者間に固有の義務を発生させる特別な義務発生原因であるとも考えられる。

■日本では，不法行為法の目的として損害の塡補による被害者の救済があげられてきた。……しかし，近年では日本でも，損害賠償の制裁的な側面への関心が高まりつつある。

■訴訟には紛争解決型と政策指向型があるとされ，前者においては伝統的な法＝正義思考がとられるのに対して，後者においては目的＝手段思考が前面に現れるという指摘がされた。……（しかし）1980年代以降は，いわば承認獲得型の訴訟が目立つようになってきている。

■不法行為法は損害を補塡するが，同時にそれは権利侵害に対する救済を与える。……（また）賠償が求められるのは，そこに保護されるべき権利があるとされ，その侵害の責任が問われるからである。

■私たちは，日々，不法行為法を通じて，社会関係を再編している。……個人の権利保護は，社会秩序の再編と表裏一体の関係にある。

■保護法益は，①財産から人格へ，②中核から外郭へ，という二つの方向で拡張している。

■709条がいう「権利」に「財産権」のほかに「人格権」が含まれることに異論はない。……しかし，二つの理由から，人格権に関する規定を民法典の冒頭近く（基本原則の部分または人の部分）に置くことが望まれる。

TECHNICAL TERMS

法定債権・約定債権　損害塡補・制裁　紛争解決型・政策指向型・承認獲得型　権利論の復権　救済・責任　「法＝権利」のための闘争　人格権に基づく差止請求　権利の体系化　人格の尊重の基底性

REFERENCES

平井宜雄・現代不法行為理論の一展望（一粒社，1980）

　1970 年代の不法行為訴訟を紛争解決型と政策指向型とに分類し，それぞれの機能と思考様式の差異を析出したもの。現在では，平井宜雄著作集 2・不法行為法理論の諸相（有斐閣，2011）に所収。加藤雅信編著・損害賠償から社会保障へ（三省堂，1989）は，損害塡補を徹底する方向に，田中英夫＝竹内昭夫・法の実現における私人の役割（東京大学出版会，1987）は制裁を考慮する方向に向かうが，平井の 2 類型のそれぞれに対応しているとも言える。なお，知的財産という現代的な課題に即した形で損害賠償法の機能を考えるものとして，田村善之・知的財産権と損害賠償（弘文堂，1993，新版，2004）も参照。

序　章　不法行為法の展開

■ UNIT 2　不法行為法の展開──何が不法行為法を変えたのか？

序　章　不法行為法の展開
　　Ⅰ　不法行為法の原型──古典的な不法行為法
　　　1　不法行為とは何か
　　　　⑴　行為と事実　　⑵　被害と加害
　　　2　不法行為法の全体像
　　　　⑴　一般不法行為　　⑵　特殊不法行為
　　Ⅱ　不法行為法の変容──現代的な不法行為法へ
　　　1　法制度の変化
　　　　⑴　適用範囲の拡大　　⑵　要件効果の変質
　　　2　社会的な要因
　　　　⑴　事故・事件の増大　　⑵　権利意識の高揚
　　Ⅲ　不法行為法の将来──21 世紀の不法行為法は？

■参照条文■　709 条～724 条の 2

（不法行為による損害賠償）
第 709 条　故意又は過失によって他人の権利又は法律上保護される利益を侵害した者は，これによって生じた損害を賠償する責任を負う。

　はじめに，全体の概観を行っておきたい。ポイントは二つある。一つは，古典的な不法行為法のシステムを頭に入れてもらうこと（Ⅰ），もう一つは，今日では，それが変質しているということを理解してもらうこと（Ⅱ）である。

　具体的な説明に入る前に，古典的な不法行為法と現代的な不法行為法の間には大きな段差があるということを直感的に理解してもらうために，いくつかの数字をあげておきたい。

　不法行為法の条文数は 17 カ条にすぎない。これに対して（狭義の）契約法は 183 カ条で不法行為法の 11 倍に近い。ところが，本シリーズでは，契約法と不法行為法の配分は，ほぼ等しい（正確には前者の方がやや多い）。そのほかの教科書類を見ても，契約と不法行為の割合はほぼ同じものが少なくない[1]。このような取扱いの背後には，不法行為裁判例の急増がある。不法行為法は，その規定の数の少なさにもかかわらず，関連裁判例の数は膨大である。ある判例データベースによると，民法関係で第二次大戦後公表されている裁判例の数は約 5 万 1000 件だが，そのうち 709 条に関するものは 1 万 6000 件に近く，全体の約 3 分の 1 を占めている。ちなみに，1 条は 2400 件，90 条は 1300 件，95 条は 900 件ほどの裁判例がある。いかに不法行為関連の事件が多いかがわかるだろう[2]。そして，条文数と判例数を比べれば，不法行為法は判例法であると言ってよいことも理解されよう。

　もっとも，昔からずっとそうだったわけではない。戦前はどうだったかというと，不法行為法はマージナルな存在，マイナーな存在でしかなかった。たとえば，大正期の代表的教科書である鳩山秀夫『日本債権法各論』（岩波書店，増訂版，1925）を見ると，上・下 2 巻で総頁数は 952 頁，うち契約 748 頁，不法行為 110 頁で，割合は 7 対 1 である。さらに，民法典の起草者の一人の梅謙次郎『民法要義巻之三』（明法堂，訂正増補版，1899）を見ると，債権各論部分 544 頁中，契約 474 頁，不法行為 36 頁で，不法行為法には契約法の 13 分の 1 のスペースが与えられているにすぎない。とりわけ象徴的なのは 709 条の扱いで，この条文につき，梅はたった 10 行の説明をしているだけである。

　以上のような量の変化だけからでも質の変化を想像することはできるだろ

---

　1)　たとえば，内田の総頁数は 572 頁だが，そのうち契約法は 204 頁，不法行為法は194 頁。
　2)　加藤 vii-viii 頁もこの点を指摘する。

う。そのような変化の出発点（I）と変化の様子（II）を概観し，将来への
展望を示す（III）のが，本章のテーマである。

I　不法行為法の原型——古典的な不法行為法

1　不法行為とは何か[1]

　まず，不法行為とは何かというところから始めたい。最も単純な例をあげ
てそれについて考えてみよう。民法のY先生が自転車で（民法典の起草者の
時代ならば「馬車で」）大学にやってくる途中，急いでいたためにうっかりし
て，前を歩いていたXおばあさんに接触してしまった。Xは道路に転倒し
片足を骨折してしまったとしよう。この場合，YはXが被った損害を賠償
しなければならない。つまり，この事故が原因で，XはYに対して損害賠
償請求権（債権）を得ることになるわけである。このことを二つの視点から
考えてみたい。

（1）　行為と事実[2]

　このケースでは，Y先生の「Xおばあさんに接触した」という「行為」
が原因でXおばあさんに損害が発生している。そして，その行為が不法
（違法）なものであると評価されるため，そこから損害賠償責任が発生する。
そこには，不法な「行為」＝**不法行為**が存在している。しかし，この場合，
YはXをはねようとしたわけではない。その意味でこの行為は意図的なも
のではない。Yが意図したのは，大学に遅れないように，かなりの速度で
自転車を走らせるということにすぎなかった。たまたま前にXがおり，そ
れに気づかなかった，それを避けきれなかったというのが，損害発生の原因
である。そうだとすると，それは，（意図的な）行為というよりも，**事故**とい
う「事実」と言うべきだろう。

　このように，Yの行動を「行為」と見るか「事実」と見るかは微妙なと

---

1)　鈴木 3-8 頁に巧みな導入がある。
2)　「行為」をめぐっては，平井 28 頁参照。なお，前田達明・民法VI₂不法行為法（青
　林書院新社，1980）20 頁。

図表 2-1　行為と事実

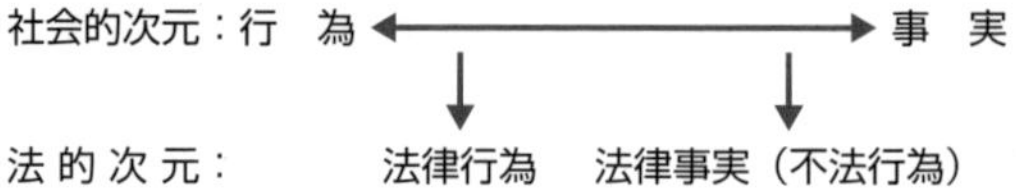

社会的次元：行　為 ◄――――――► 事　実

法 的 次 元：　　　法律行為　法律事実（不法行為）

ところであり，どの点に着目するかによって違う見方が可能である（図表 2-1）。ここでは，次のような見方によると，不法行為は行為ではなく事実となることに注意を促しておきたい（それにもかかわらず「不法行為」と呼んでいる）。それは，法的な意味での行為（＝法律行為）とは，権利義務を発生・変更・消滅させる力を持つ意思表示のことであるという見方である。これによると，法的な効果を発生させる意思表示のみが行為（＝法律行為）と呼ばれ，この場合，法律行為から債務が発生するのは，当事者がそう欲したからであると説明される（契約にもとづく債権＝**約定債権**）。これに対して，ある効果が発生することを期待して行われるのではない行為は，社会的に見て「行為」にあたるとしても，法的には「行為」でなく「事実」である。「事実」はそれだけでは法的な効果を生み出す力を持たない。ある「事実」に対して，法が一定の評価を下し効果を結びつけることによって，はじめてそこから債務が発生するのである（不法行為にもとづく債権＝**法定債権**）。このことは，すでに述べたところでもある（⇒**総論**〔**UNIT 1**〕）。

（2）　被害と加害

さて，先ほどの事故で，X おばあさんは「**被害者**」，Y 先生は「**加害者**」である。常識的にはそうであるが，常にそう言えるかどうかは一義的に明らかではない。

まず，X はころんだが，特にどこにもけがをしなかったという場合，X は被害者と言えるだろうか。梅謙次郎が 10 行のうちの 8 行を費やして論じたのはこの問題であった。確かに，X は身体に攻撃を受けて倒された。Y の行為は違法であるとは言えるだろう。しかし，損害がなければ賠償をする必要はないとも言える。それは当たり前だろうと感じるかもしれないが，そうでない立法例もあり自明なことではない。

次に，Y の方であるが，たとえば，Y は別によそ見をしていたわけではない。確かに気がせいてはいたが前はしっかりと見ていた。ところが，前を

歩いていたXが突然，Yの進路によろめいてきたとしたらどうだろうか。もっと言えば，XがYの進路に飛び出してきた場合はどうか。確かにYの自転車に接触したのが原因でXはけがをした。しかし，Yは加害者であると言えるだろうか。もちろん，このような場合であってもYは損害を賠償する責任があるという立法は可能であるが，賠償責任はなしとする立法もありうる。

以上のように，事故に対して法的効果（賠償責任）を結びつけるということを考える場合，何を要件とするかによって結果は大きく変わってくる。日本法は，Y先生の**故意・過失**とXおばあさんの**損害**を要件としているのであるが，これは一定の選択の結果にほかならない。そこには，Xに被害が生じたのであれば賠償を考えてやろう，しかし，Yに「落ち度」（過失）がないのに責任を追及することはできない，という態度（価値判断）が潜んでいる（「**過失責任主義**」という。⇒**第5章第4節**〔UNIT 12〕**Ⅱ*1***(1)）。こう考えれば，被害があれば救済されるが，かといって，人々の行為が過度に制約されることもない（うっかりして他人に損害を与えないように気をつければ，後は自由に行動してよい）。これが古典的不法行為法がよって立つ価値判断であると言える。

2 不法行為法の全体像

（1） 一般不法行為

以上の基本的価値判断を条文に表現したのが，不法行為の通則規定である民法709条である。709条は，①故意・過失，②権利侵害，③損害，④因果関係（①と②，②と③の間に必要。ただし，②を独立の要件としなければ①と③の間に必要）の四つを主な要件としている。そして，これらの要件が満たされた場合には，加害者には発生した損害を賠償する責任が生じるとしている（**図表2-2**〔次頁〕）。

もっとも，不法行為に関するルールは709条だけで完結しているわけではない。加害者側の要件（責任が阻却される場合を定める消極的な要件）として，責任能力に関する規定（民712条・713条），正当防衛等に関する規定（民720条）があり，被害者側の要件として，損害の種類に関する規定（民710条・711条）や被害者の範囲に関する規定（民711条・721条）がある。また，効果

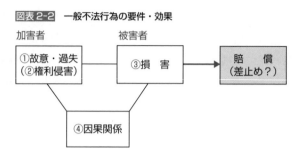

図表2-2　一般不法行為の要件・効果

については，金銭賠償が原則であるが（民722条1項→民417条），名誉毀損の場合の特則がある（民723条）。さらに，賠償請求権の消滅時効に関する規定も置かれている（民724条）。なお，債権法改正では，417条の2，724条の2が追加されたが，その内容については関連のところで述べる。

> **日本法の比較法的な位置づけ**　　日本の不法行為法は，これから本文で出てくる違法性論，相当因果関係論などをはじめとして，様々な点でドイツの民法学説の影響を強く受けてきた。しかし，民法典の規定の構造からすると，日本の不法行為法は，権利侵害・強行規定違反・良俗違反の3類型からなるドイツ法ではなく，一般不法行為につき統一的・包括的な規定を持つフランス法に近いことが指摘されている[1]。

　これらに加えて，民法は，加害者が複数の場合や被害者にも責任がある場合に対処するための調整規定を置いている。**共同不法行為**に関する規定（民719条）や**過失相殺**に関する規定（民722条2項）がそれである。
　以下の章においては，まず，以上のような通常の不法行為について，要件（**第1章**），効果（**第2章**），調整原理（**第3章**）の順で説明をしていきたい。

（2）　特殊不法行為

　民法709条は自己の行為に関する責任を定めたものである。そして，原則

---

1)　平井7頁以下。なお，近代以前の不法行為法の歴史につき，平井宜雄「責任の沿革的・比較法的考察」基本法学5責任（岩波書店，1984）を参照。

として，人は自分の行動に責任を持てばそれでよい（前述の過失責任主義から導かれる）。しかし，例外がある。他人の行為について責任を負わなければならない場合や物から生じた被害について責任を負うべき場合がある。前者にあたるのが，使用者責任（民715条）や責任無能力者の監督者の責任（民714条），請負の注文者の責任（民716条）であり，後者にあたるのが，工作物責任（民717条），動物管理者の責任（民718条）である。

　自己の行為による不法行為を「一般不法行為」，それ以外の不法行為を「特殊不法行為」と呼ぶことが多い[1]。本書では，一般不法行為に続いて，特殊不法行為をとりあげる（⇒**第4章**〔**UNIT 9**〕）。なお，ここで述べたのは民法典に規定のある特殊不法行為であるが，特殊不法行為の類型は特別法によってもつけ加えられている。たとえば，自動車損害賠償保障法による運行供用者責任や製造物責任法による製造物責任などがある（**図表2-3**）。

図表2-3 不法行為の分類

```
自己の行為 ──→ 一般不法行為責任
他人の行為 ──→ 使用者責任・監督者責任・注文者責任    特殊不法
物      ──→ 工作物責任・動物管理者責任        行為責任

          運行供用者責任・製造物責任……
```

II　不法行為法の変容──現代的な不法行為法へ

1　法制度の変化[2]

　最初に述べたように，今日の不法行為法はかつての不法行為法とはかなり異なったものとなっている。

---

1)　一般・特殊の二分法ではなく，自己の行為・他人の行為・物の三分法に立つものもある。窪田や星野英一・民法〔財産法〕（放送大学教育振興会，1994）など。これらは過失責任が原則であるという考え方を必ずしもとらず，複数の原則の並立を認める。

2)　錦織成史「違法性と過失」民法講座6，瀬川信久「民法709条（不法行為の一般的成立要件）」民法典の百年III。

（1）　適用範囲の拡大

　ある行為（事実）が不法行為にあたるとするためには，それが権利侵害にあたり，かつ，損害が生じているということが必要である（ほかに，もちろん故意・過失と因果関係が必要だが）。逆に言うと，権利侵害がなければ，あるいは，損害がなければ，不法行為責任は生じない。その意味でこれらの概念は，不法行為法の適用範囲を画するものであると言える。ところが，法典成立以後の不法行為法の歴史を振り返ると，二つの概念（権利侵害と損害）はともに広がる傾向が認められる。

　細かい点はいずれ以下の章で個別に検討することにして，アウトラインのみを述べるとすると，次の二つのことを指摘しておけば，さしあたりは十分だろう。

◆　権利侵害から
　　違法性へ

　第一は，権利侵害の要件を外すという動きが第2次大戦前から見られるということである。大正の末期から昭和の初期にかけて，判例・学説を通じて，このような考え方が支配的になってきた。特に，末川博，そして，我妻栄は，権利侵害に代えて違法性の概念を用いるべきことを説いた。そのため，次第に，権利侵害の概念には大きな意味は認められないようになってきた（ついに，現代語化に際して，「権利」は「権利又は法律上保護される利益」に改められるに至った）。さらに，戦後は，故意・過失の概念すらも違法性に含めて考えることができるとの見解も現れた（違法性一元説）。これに対して，過失の概念を拡張しこの概念によって不法行為の要件を一元化しようとする見解も現れている（過失一元説）。

　二種の一元説の優劣に関しては議論があるが，いずれにせよ，故意・過失＋権利侵害という二重の要件を持つシステムはそのままでは維持されなくなってきている。もっとも，一元説と言っても，そこでは主観的要素と客観的要素とが相関判断されるので，二つの要素があることは確かであるとする見解も出てきている。結局のところ，明らかになったのは，二つの要素は独立には判断できないということである。そのことを認めれば，後は言葉の問題であるとも言えるが，以下の章では，さしあたり，加害者側の要件をすべて「過失」の枠内で考えることにしたい。

◆ **物的損害から精神
的・経済的損害へ**

指摘すべき点の第二は，損害の性質の変化についてである。これは概念が変わってきたというよりも，むしろ，実態が変化しているということである。具体的に述べよう。不法行為責任を生じさせる損害には，有形の損害（物的損害・人身損害），無形の損害（精神的損害・経済的損害）の双方が含まれる。民法典自体もこのことは予定していたと言うべきだろう（民710条・723条）。だが，かつては，実際には，有形の損害が生じる事例が多かったと言えよう。しかし，近時は，無形の損害の重要性が増してきているように思われる。人身損害とあわせて精神的損害・経済的損害の賠償が求められるというだけではなく，精神的損害のみ，または，経済的損害のみの賠償が求められる例が目につくようになっている。

（2）要件効果の変質

古典的不法行為の事例（たとえば，先の自転車事故の例）では，加害者のYの過失とは，「うっかりしていた」ということ，すなわち，あるべき緊張を欠いていたということであり，それは心理的なものであった。また，因果関係は明らかなことが多く，それが問題になることはあまりなかった。

◆ **過失の客観化**[1]

ところが，これも詳細は後に説明するが（⇒**第1章第1節**〔UNIT 3/4〕），過失の判断は次第に抽象化・客観化してきているというのが，大きな流れである。行為者の具体的な心理状態というよりも，およそ同じ状況に置かれた者がなすべきことをしなかったということが過失とされるようになってきた。これが，過失が抽象化・客観化していることの意味である。その結果，本人としては注意していても，もっと高い程度の義務が課されていたと見るべきだということで，過失ありとされることも多くなってきた。特に，後で述べる公害・薬害などの場合にはそのような傾向が強く見られる（⇒**2**(1)）。

◆ **因果関係の複雑化**

また，因果関係が問題とされることが多くなったのも，現代的不法行為の特色であると言える（⇒

---

1) 無過失責任との関係につき，吉村13頁以下。

第1章第2節〔UNIT 5〕）。これは，加害者の行為と被害者の損害とを結ぶメカニズムは簡単には外部からわからないようになったためである。これも公害・薬害などに顕著な特色であった。

◆　**損害算定の精緻化**　変容は効果の面でも生じた。交通事故訴訟を通じて，損害の算定の仕方は著しく緻密化した（⇒**第2章**〔UNIT 6〕）。その結果，計算根拠に対する疑問，さらには，従来の損害概念への疑問も提出されるに至っている。また，損害賠償と並んで，差止めの可否が大きな問題としてクローズアップされるようになった。これも公害事件を契機にしていると言ってよいだろう。

② 社会的な要因

　以上のように，不法行為法はその適用範囲を広げており，要件効果の点でも変化を見せていると言うことができる。この現象が何によるものであるかという点について，ごく簡単に述べておきたい。

（1）　事故・事件の増大

　不法行為法は，昭和30年代から40年代にかけての交通事故，そして，40年代・50年代の公害・薬害，これら多発型・大量被害型の事故・事件が出現することによって，大きくその姿を変えた。産業文明が生み出した自動車・工場・薬品などは，それが正常に機能した場合には大きな便益をもたらすが，ひとたび事故・事件が起きるとそれによる被害も大きなものとなる。

　これらの事故・事件のうち，交通事故は，ある程度の確率でかなり頻繁に起きるものであるという特色を持っている。そのため，その処理には定型性が要求される（定型性が生じやすい）。すでに述べた損害算定方法の精緻化は交通事故のこのような性格から生じたものである。一般性はより乏しくなるが（交通事故の場合にしか使えないが），過失割合の基準化についても同様のことが言える。

　公害・薬害ということになると，過失の証明，因果関係の証明が大きな問題となる。四大公害訴訟（四日市ぜんそく，熊本水俣病，新潟水俣病，富山イタイイタイ病）や薬害訴訟（東京スモン）では，過失については高度の注意義務を課す，あるいは，過失を推定するということが行われた（⇒**第1章第1節**

〔UNIT 3/4〕Ⅱ**2**(1))。また，因果関係については，疫学的証明や間接反証理論が用いられた（⇒**第*1*章第*2*節**〔UNIT 5〕Ⅱ**2**(2))。

　以上のように，産業化に伴う事故・事件の増大が不法行為法を量的に，また，質的に発展させた第一の要因だったと言うことができるだろう（**図表 2-4**)。

図表 2-4　公害・薬害訴訟略年表

```
1970 ┬
     │
     │  1971.9.29　新潟水俣病事件判決（判時 642-96）
     │  1972.7.24　四日市ぜんそく事件判決（判時 672-30）
     │  1972.8.9　　富山イタイイタイ病事件判決（判時 674-25）
     │  1973.3.20　熊本水俣病事件判決（判時 696-15）
     │
     │
     │  1978.8.3　　東京スモン事件判決（判時 899-48）
     │
1980 ┼
     ▼
```

(2)　権利意識の高揚

　第二の要因は，権利意識の高揚である。日本人は訴訟嫌いだとか法嫌いだと言われることが多いが，戦後民主主義の賜であろうか，1960 年代・70 年代には住民運動の力が増し，反公害運動なども活発になった。その中で，四大公害訴訟は法廷に持ち出されることとなった。

　公害に限らず，何かあると訴訟で争う（争ってみる）という傾向が次第に強くなった。各種の事故・事件はもちろん，人身損害が発生していなくとも，損害賠償を求めるということが増えてきた。近年では，プライバシー，セクハラ，独占禁止法違反，悪質商法などを例としてあげることができるだろう。前二者は，人格的利益の侵害により精神的損害を被ったということで，後二者においては，不公正な取引方法によって経済的な損害を被ったということで，それぞれ訴訟が起こされている。

　以上が，近年の傾向であるが，そこには，権利侵害に対しては訴訟で争うという手続的なレベルでの権利意識の高揚に加えて，上記の諸利益もまた侵害されてはならない権利であると考える実体的なレベルでの権利意識の高揚が認められると言ってよいだろう。

社会問題と裁判所の役割　　公害訴訟の背後には，法廷に持ち出せば，裁判所が，産業政策とは一線を画して，個人の権利義務のレベルで判断を下してくれるという期待もあったと言ってよいだろう。その意味では，大学の法学部でバタくさい外国製の法律を教えることには，それなりの意義があったとも言える。現に存在する取引慣行や社会常識などを重視する裁判官が増えてくると，裁判で争う（権利義務のタームで決着をつける）ということの独自の意味は薄れるが，このことは一面では法の存在意義を掘り崩すことになるかもしれない。判例の（過度の）重視についても同様の問題がある。もちろん，裁判官は世間知らずでよいわけではないが，「世間」の相場を勘案するだけでなく，「社会」のあるべき姿を想定することも，依然として期待されていると言うべきだろう。

Ⅲ　不法行為法の将来──21 世紀の不法行為法は？

　前項の末尾に書いたように，しばらく前から不法行為訴訟で争われる保護法益は多様化しつつある。公害訴訟を通じて争われたのは人身損害の塡補であったため，被侵害利益の存在は明白であることが多かった。これに対して，人格的利益の侵害にせよ経済的な損害にせよ，最近では，そこに保護すべき利益があると言えるか否かが争われることが多い。

　現代の不法行為法が形成してきた人身損害中心の判断基準により，こうした問題を解決することは可能なのか，また，妥当なのか（**判断基準の多元化が必要ではないか**[1]）。これは現代の不法行為法が抱える大きな問題の一つである。本書において主として念頭に置いているのは人身損害型の不法行為であるが，必要に応じてそれ以外の不法行為にも言及する[2]。その際にはここで述べているような問題が伏在することに留意してほしい。

フクシマ以後の民事責任　　2011 年 3 月 11 日に発生した東日本大震災は福島第一原発事故を惹起し，フクシマの名は世界中に知られることとなった。この事故による賠償は原子力損害賠償法によって行われているが，これを契機に将

---

1)　このことを強く示唆するものとして，瀬川・前掲。
2)　詳しくは，もうひとつ，不法行為判例を参照。

来の世代の利益をも考慮に入れた上で，損害の予防をはかることが必要ではないかという問題（「**予防原則**」と呼ばれる）が改めて意識されることになった。これもまた，今後の不法行為理論が取り組むべき重要課題の一つである。

　　大川小事件――主体による区別・その1　　東日本大震災では津波によっても大きな被害が生じ，行政や学校による避難の際の誘導が適切であったかどうかを争う訴訟も生じた。いわゆる大川小事件では，津波の当日の教員等の判断の適否と事前の対応策の適否とが争点になった（1審は仙台地判平28・10・26判時2387-81，2審は仙台高判平30・4・26判時2387-31）。災害に遭遇した際に個々の教員（個人）が短い時間の中で行った判断の当否と事前に行うべき自治体や学校（組織）の対応とは分けて考えられるべきであろう。交通事故や公害訴訟などを通じて形成された過失の基準がそのまま当てはまるかどうか，慎重な検討が望まれる。

MAIN QUESTION

何が不法行為法を変えたのか？

KEY SENTENCES

■不法行為法は，その規定の数の少なさにもかかわらず，関連裁判例の数は膨大である。
■(民法) 709 条は，①故意・過失，②権利侵害，③損害，④因果関係……の四つを主な要件としている。
■法典成立以後の不法行為法の歴史を振り返ると，二つの概念（権利侵害と損害）はともに広がる傾向が認められる。
■産業化に伴う事故・事件の増大が不法行為法を量的に，また，質的に発展させた第一の要因だったと言うことができる。……第二の要因は，権利意識の高揚である。

TECHNICAL TERMS

不法行為　事故　約定債権・法定債権　被害者・加害者　故意・過失・権利侵害・損害・因果関係　過失責任主義　共同不法行為　過失相殺　判断基準の多元化　予防原則

REFERENCES

岡松参太郎・無過失損害賠償責任論 (京都法学会，1916)
末川博・権利侵害論 (弘文堂，1930)
　前者は，20世紀初頭の無過失責任立法，およびこれをめぐる学説の動向を広く視野に入れた業績で，その後の無過失責任論の出発点となったもの。後者は「権利侵害から違法性へ」の図式を展開したもので，大きな影響力を持ったもの。

第*1*章　一般不法行為の要件

■ **UNIT 3/4　過失**──人はなぜ責任を負うのか？

■参照条文■　民法709条，710条，712条，713条，720条，失火責任法

＊もうひとつⅡ-1，みかた4-7，不法行為判例1-1，1-2，1-3，1-5，2-1～
2-4，2-5-2

（財産以外の損害の賠償）
第710条　他人の身体，自由若しくは名誉を侵害した場合又は他人の財産権を侵
害した場合のいずれであるかを問わず，前条の規定により損害賠償の責任を負う
者は，財産以外の損害に対しても，その賠償をしなければならない。

　序章では，不法行為法の全体を概観した。本章では具体的な検討に入るが，
まず，一般不法行為の要件から見ていきたい。
　709条は規定上，故意・過失，権利侵害，損害，因果関係の四つの要件を
定めているが，序章でふれ，以下でも再び述べるように，権利侵害の要件は
あまり意味を持たなくなっている。また，損害も，損害がなければ賠償請求
権は発生しないという形では機能するものの，要件論のレベルではあまり大
きな働きはしていない[1]。その結果，少なくとも，交通事故や公害のように
人身損害が生じる例を典型例として想定する限りは，要件としては，故意・
過失と因果関係が重要であるということになる。そこで，本章ではこの二つ
を検討することとし，**第1節**は，過失の説明にあてることにする。

　故意による不法行為　　ここで，故意について一言だけ述べておく。「故意又
は過失」というが，これは「故意があればもちろん，過失でも」ということな
ので，責任成立を決する基準として働くのは過失があったか否かである。それ
ゆえ，以下，過失のみを問題とする。しかし，不法行為法において故意が全く
意味を持たないわけではない[2]。要件のレベルでは，故意の場合のみ不法行為と
なる場合が認められている。これについては後に述べることにする。効果のレ
ベルでは，損害賠償の範囲や慰謝料の額に影響すると言われているが，これは
それぞれのところでふれれば足りるものである。

---

1)　平井25頁，40頁。鈴木29頁，内田354-355頁も参照。
2)　平井69-73頁参照。

第*1*節　過　　失

　まず，過失の位置づけを行った上で（Ⅰ），過失の概念内容について一般的な説明を行う（Ⅱ）。これを受けて，過失の判断について具体例をあげて説明するとともに（Ⅲ），不法行為責任を阻却させる事由についてもふれる（Ⅳ）。

Ⅰ　過失の位置づけ

　序章でもふれた点であるが，一般不法行為の要件の変容，すなわち，当初の「故意・過失＋権利侵害」という二元的要件が「過失」に収束する過程をもう少し詳しくたどることから始めよう。

1　「権利侵害」の拡散

　まず，一方で「権利侵害」概念の拡散消滅という現象が見られる。

（1）判　　例

　権利侵害は損害の原因に歯止めをかけるために導入された概念であったが，起草者はこれをそれほど厳しい制約だとは考えていなかった。民法709条の起草を担当した穂積陳重は，ここでの「権利」とは「兎に角……広い意味」であるとしていた。ところが，判例は，この「権利」を狭い意味で理解した。大判大3・7・4刑録20-1360——「雲右衛門事件」として知られる——がその代表例である。これは，当時著名だった浪曲師雲右衛門のレコードを複製して販売したYに対して，もとのレコードを吹き込んだXが損害賠償請求をしたという事件であったが，大審院は，定型的旋律を持たず即興性の高い浪曲は著作権の対象とならないとした。そこには，「著作権」といった権利でなければ不法行為法の保護の対象とはならないという考え方が認められる。

　しかし，その後，この態度は，大判大14・11・28民集4-670〈123〉——「大学湯事件」と呼ばれる——によって改められた。この判決は，709条の保護の対象は，所有権その他の具体的権利だけでなく，法律上保護されるべ

き（不法行為法によって救済されるべき）利益をも含む，としたのであった。そして，それによって「大学湯」という「老舗」もまた保護に値するとしたわけである。

(2)　学　説

その後，学説には，「権利侵害」は違法行為の代表例としてあげられているにすぎない，したがって権利侵害がなくとも違法な行為については不法行為責任を認めるべきだとする見解（末川）が現れた。そして，「権利侵害から違法性へ」というスローガンのもとに，権利侵害概念は捨て去られることになった。これを受けて，違法性の概念は次のように分析されるに至った。すなわち，違法性の判断は，被侵害利益における違法性の強弱と加害行為の態様における違法性の強弱とを総合的・相関的に判断してこれを行うという考え方（我妻）がとられるようになったのである。そして，このようにして判断される違法性は不法行為の客観的要件であるとされ，主観的要件である故意・過失と対置された。

> 　**相関関係説**　本文で述べた我妻の考え方は，**相関関係説**と呼ばれるものである。その内容は本文に述べた通りであるが，我妻自身の言葉でやや詳しく紹介しておく。本文に述べた結論部分に先立ち，我妻は次のように述べている[1]。「私は……違法性の具体的決定に当っては，被侵害利益の種類と侵害行為の態様とから相関的にこれを決定すべしと考へる」。「不法行為の客体たる権利についてはいはば，『権利の生成衰滅』の現象を認めることが出来る。そこで我々は，侵害せられた利益が確実な権利と認められたものから，新たに認められんとするものへの段階強弱を理解し，強きものの侵害は弱きものの侵害よりも，一般に違法性強きものと考へなければならない。次に又，我々の行動は，これを抽象的に見るときは，権利の行使として是認せられるものあり，自救行為として是認せられるものあり，自由活動の範囲として放任せられるものあり，又公序良俗違反として排斥せられるものあり，更に法規違反の行為たる場合まで存在する。そこで，我々は，権利の行使から法規違反の行為に至るまで，その行為

---

1)　我妻栄・事務管理・不当利得・不法行為（日本評論社，復刻版，1988，初版，1937）101頁，126頁。

の違法性は次第に強度を増すことを承認しなければならない」。

これを図にすると**図表3/4-1**のようになる。

図表3/4-1　相関関係説による違法性の判断

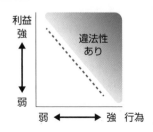

以上の考え方は，戦前から戦後の昭和30年代にかけて支配的な考え方となったが，その後，様々な批判を浴びるようになった。まず，第一に，判例が違法性という用語を用いることは少なくないが，それは故意・過失と区別される客観的要件としては用いられていないという指摘がされた。単に，不法行為が成立する場合に違法性があると言っているにすぎないというのである。第二に，違法性の判断要素として，加害者の行為態様を問題とするというのは，客観的要件の中に主観的要素を持ち込んだことになるのではないかという理論的な批判もなされた。

結局，違法性概念は，権利侵害という条文上の制約を超えて不法行為の適用範囲を広げるのには貢献したが，今日では意味を持っていないし，それを支える理論的根拠もあいまいであることが明らかになってきた。

立法による確認？　2004年に民法典が現代語化された際に，709条の「他人の権利を侵害したる」（原文はカタカナ書き）は「他人の権利又は法律上保護される利益を侵害した」（強調は筆者）に改められるに至った。これが単なる確認にとどまるのかその域を超えて理論的な含意を持ちうるのかについては慎重に見守る必要がある。なお，この文言の付加につき，異論があることはすでに述べた通りである（⇒**総論**〔**UNIT 1**〕）。

② 「過失」への一元化

そこで，過失概念への一元化が説かれるようになる。

一元論と二元論[1]　　本文では，過失一元論を基礎にした説明を行っているが，この点に関しては，過失ではなく違法性に一元化しようという考え方（違法性一元論）も有力であるほか，違法性概念の必要性を説く見解や民法709条の文言を尊重して「権利侵害」の要件を活用しようという見解（いずれも二元論），さらに，いわば分類軸を変えて，権利侵害と利益侵害を分けて考えようという見解（「二分論」と呼びうる）も説かれている[2]。このような見解の対立には，言葉遣いの相違に還元できる部分もある。過失一元論や違法性一元論においても，行為者の主観にウエイトのある要素と，被侵害利益にウエイトのある要素が含まれるので，これらを過失と権利侵害（違法性）に振り分けた上で，相関的な判断を行うと構成すれば，二元論をとることになるからである（図表3/4-2）。もっとも，判例の実際の判断プロセスを見てみると，一元論的に判断している類型と二元論的に判断している類型があるようにも思われるが，こうした点を反映させるためには，一元論か二元論かとは別の次元での整理が必要かもしれない。二分論は，被侵害利益についてこのような類型的な処理を行うものであると言えるだろう。

(1) 客　観　化

前提として，まず，過失概念の客観化という現象にふれておく必要がある。

---

1)　少し前までの状況につき，前田達明「権利侵害と違法性」新・現代損害賠償法講座2（日本評論社，1998）。

2)　概説書としては，違法性一元論をとるものとして，前田達明・民法Ⅵ₂不法行為法（青林書院新社，1980）119-123頁，違法性概念の必要性を説くものとして，北川251-252頁。権利侵害を必要とするものとして，星野英一「故意・過失，権利侵害，違法性」同・民法論集第6巻（有斐閣，1986，初出，1980）319頁（ただし，同「権利侵害」不法行為法研究会・後掲（**REFERENCES**）30頁以下ではややニュアンスが変わっている），鈴木20頁，内田335-336頁，二分論として澤井裕・テキストブック事務管理・不当利得・不法行為（有斐閣，第3版，2001）138-139頁，加藤201-202頁。なお，今日では，権利概念を再考しつつ二元論をとるもの（潮見），過失概念を多元化しつつ一元論をとるもの（吉田），二分論を積極的に展開するもの（吉村・加藤・藤岡）などが現れている。

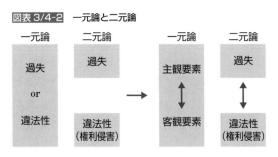

図表 3/4-2　一元論と二元論

　かつての古典的不法行為理論においては，過失は**心理状態**——「結果発生を知るべきでありながら，不注意のためそれを知りえないということ」「意思の緊張を欠いた状態」——としてとらえられていた。**序章**であげた自転車事故の例で言うと，うっかりして前をよく見ずにおばあさんに接触したというときの「うっかり」が，ここで言う「過失」ということになる。

　ところで，うっかりしていなければ，それで過失なし＝責任なしということでよいだろうか。たとえば，人がたくさん歩いている道を自転車で通り抜けるということをする以上は，ある程度以上の慎重さが必要とされるのではないか。さらに言えば，ある場合にはそもそもそのようなことをすべきではないとも言えるのではないか。そうだとすると，うっかりしていなくとも，自転車に乗っていた人（Y 先生）には過失があると言うべきことになる。しかし，ここでの過失は，主観的な・個人的な心理状態ではなく，ある状況に置かれた人に一律に要求される一定の義務を尽くしていないということである。この場合，過失とは**義務違反**にほかならない。

　このように，主観的な過失概念とは別に，客観的な過失概念を想定することができるが，判例は，早い時期に，この客観的過失概念をとることを明らかにした。よく知られているのが大判大 5・12・22 民録 22-2474 [83]〈132〉「大阪アルカリ事件」であった。大審院は，「損害を予防するがため……相当なる設備」を施せば責任はないとした。大審院はこのケースで過失なしと言うためにこの論理を用いたが，これを受けた差戻審は，同じ論理を用いつつも，結論としては相当な設備を施していない，それゆえ過失があるとしたのであった。

以後，判例は全体として，客観的過失概念をとっていると言われている。

（2）総　合　化

加害者には義務違反があったとして過失ありとする判断を行うためには，まず加害者が尽くすべきであった義務を措定することが必要となる。それでは，この義務はどのようにして判断されるのか。先の判例に即して言えば，「相当なる設備」がどのようなものであるのかは，いかにして決定されるのだろうか。

大阪アルカリ事件の差戻審判決（大阪控判大8・12・27新聞1659-11）を見てみると，一方で，加害者側が被害の発生を回避することができたかどうかが論じられている。回避が可能だというところから回避すべきだったという判断が導かれている。他方，必ずしも直接的には述べられていないが，被害者の受けた被害の大きさも判断に影響を与えているように見える（被害の程度に関する言及は何度もされている）。そうだとすると，ここでは，加害者の態様と被害の大小が問題にされていると言ってよいだろう。

ここで違法性に関する議論を思い出してほしい。加害者の行為態様と被侵害利益とを考慮するというのは，まさに，相関関係説が違法性判断の方法として説いたところであった。つまり，相関関係説が主張したような判断方法は，判例においては，過失の判断の中で行われているのである。別の言い方をすると，現在の判例法においては，過失の要件の中で，加害者側の事情と被害者側の事情とが総合的に判断されるようになっているのである。

それでは，一般的に言って，過失判断はどのような枠組みで行われているのか。それが次の問題となる。

II　過失の内容

1　判　断　基　準

（1）判例の定式

判例はおおむね過失を次のように定式化している[1]。

過失 ＝ 義務違反 ＝ （損害発生の）予見可能性 ＋ 結果回避義務違反

　たとえば，東京地判昭 53・8・3 判時 899-48〈134〉は，スモン病（キノホ
ルムという整腸剤が原因の病気で脚にしびれが出るなどの神経障害が発生するもの）
について全国で提起された訴訟のうち東京訴訟の判決であるが，この判決は，
過失とは「結果回避義務の違反をいうのであり，かつ，具体的状況のもとに
おいて，適正な回避措置を期待し得る前提として，予見義務に裏づけられた
予見可能性の存在を必要とする」としている。この定式は，このようにはっ
きり言うかどうかは別にして，今日，多くの裁判例によって用いられている
ものであると言える。

　ここで言う，結果回避義務，そして，その前提として必要な予見義務とは
どの程度のものであろうか。これは，場合によって異なるが，東京地判昭
53・8・3 では，予見義務には調査義務も含まれるとされている。そして，
予見の程度については，単なる危惧感があるだけでは予見可能性ありとは言
えないが，具体的な障害の内容までが特定されている必要はないとされてい
る。回避義務については，「当該副作用の重篤度，その発生頻度，治癒の可
能性……に加えて，当該医薬品の治療上の価値」なども考慮して，判断がな
されるべきものとされている。

　東京スモン事件判決に関する補足　　本文に引用した東京スモン事件判決は，
予見の対象につき，具体的な危険性でなく「人の生命・健康に対する危険が絶
無であるとして無視するわけにはいかないという程度の危惧感」でよいとする
原告の主張，それでは結果責任を認めることになり製薬業は成り立たないとす
る被告の主張のいずれをも斥けて，中間の解決をとったものであると言える。
また，回避義務の有無を判断する際の要素として，一方で，副作用の重篤度・
発生頻度などを，他方，医薬品の治療上の価値を，それぞれあげているが，こ
の部分と後述（⇒(2)）の「ハンドの定式」と比較し，どこが同じでどこが異な

---

　1)　北川 260-262 頁は，この定式に疑問を呈する。

るかを考えてみてほしい。

　なお，一般に，業務として行われる行為については，高い注意義務が課されるが，なかでも，医薬品製造や医療行為の場合には特に高い義務が課されることには注意を要する。前掲の東京地判昭 53・8・3 は，「最高の技術水準」での実験を要するとしているし，最判昭 36・2・16 民集 15-2-244〈133〉──「東大輸血梅毒事件」と呼ばれる。事件内容は後述する──は，「最善の注意義務」が要求されるとしている。ただし，最判平 7・6・9 民集 49-6-1499［84］〈135〉は，医療機関に要求される医療水準を決するには，「当該医療機関の性格，所在地域の医療環境の特性等の諸般の事情」を考慮すべきであるとしている。新規の治療法が開発されていたとしても，それが末端の医療機関に普及するまでには時間がかかるので，一律にある水準を定めることはできないというわけである（本件では，事案の解決としてはかなり高い義務を課している）。

　もっとも，当該医療機関が新規の治療法を実施するための設備を持たない場合にも，手をこまねいていればよいわけではなく，施設の整った他の医療機関を紹介する義務はあると解されている（転医義務という。前掲最判平 7・6・9 参照）。このような義務は，治療だけではなく十分な検査ができない場合にも認められ，しかも，その程度はかなり高いものとされている。最判平 9・2・25 民集 51-2-502 は，開業医について，薬疹の可能性のある湿疹を認めた場合には必要な検査ができるように相応の配慮をする義務があるとしたが，当該事案は薬疹の可能性も否定しきれないという微妙な事案であった。

　　建物の設計者等の責任　　判例は，建物の設計者等は建物の瑕疵につき，契約関係にない第三者に対しても，建物としての基本的な安全性に欠けるところがないように配慮する注意義務を負うとした（最判平 19・7・6 民集 61-5-1769［85］〈131〉）。このような義務を設定することによって，生命・身体に具体的な損害が生じる以前に不法行為が成立するとした点が注目される。なお，建築士につき，規制の実効性を失わせるような行為をしてはならないという義務があるとしたものもある（最判平 15・11・14 民集 57-10-1561）。これらは，契約関係になくても，専門家は一定の注意義務を負うという考え方を示すものととら

┃ えることもできるだろう。

(2) ハンドの定式[1]

ところで，予見可能性があれば常に回避義務が課されるというわけではない。この点について，判例が様々な事案において設定している義務の水準を全体として理解するためには，次のような定式がさしあたり有用である。それは，アメリカのハンドという裁判官に由来する定式で，「**ハンドの定式**」と呼ばれるものである。これは次のようなものである。

回避コスト ＜ 損害発生の蓋然性 × 被侵害利益の重大さ ⟶ 過失あり

この定式は次のことを意味する。すなわち，損害発生の期待値が回避コストよりも大きい場合には，回避の義務がある，つまり過失があるというのである。たとえば，ある事件で，被害者に生じる損害の総額が 10 億円，その発生可能性が 15％，これに対して，損害防止措置に要する費用は 1 億円という場合には，損害発生の期待値の方が大きいので，回避義務あり＝過失ありとされる。しかし，上の例で，損害防止に 2 億円かかるという場合，あるいは，被害発生の可能性 5％ という場合には，回避義務はないことになる（**図表 3/4-3**〔次頁〕）。

この定式は頭の整理のためには有用であるが，実際に使える基準であるかどうか，また，常にこの基準を用いてよいかどうかについては，一定の留保を必要とする[2]。その理由は二つある。

第一に，この定式は数値が与えられれば説得力のあるものであるが，その数値の算出が極めて難しい（かなり高度な評価・判断を含むものである）。損害額・損害発生の可能性をどの程度に見積もるかも難しいが，回避コストの計算はもっと難しい。なぜかと言うと，損害を回避するためにある行為をしないという場合，それによって失われる利益が回避コストに含まれることにな

---

1) 加藤 179-183 頁が詳しい。
2) 内田 318-319 頁参照。

図表 3/4-3　ハンドの定式

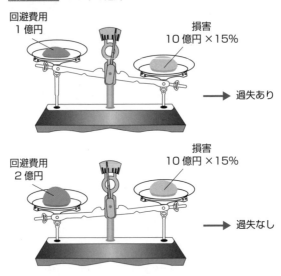

るが，この利益には間接的なものも含まれるので，その算出は非常に難しくなる。たとえば，新幹線の騒音訴訟の場合，騒音防止対策にかかる費用の計算はそう難しくはないが，新幹線をストップさせることによって失われる利益の計算は，どのようにして行えばよいのだろうか。

　第二に，この定式によって当該行為継続の利益が損害にまさることになったとしても，それによって直ちに被害者の被害を賠償しなくてよいということになるかという問題がある。別の見方をすると，これは誰の利益と誰の損害を衡量するかという問題である。薬の副作用の場合には，確かに，使用者の利益と損害が衡量されている，それゆえ，そのバランシングは一応正当だとも言える。しかし，大阪アルカリのばい煙や新幹線の騒音の場合，当該企業の利益や第三者の利益と被害者の損失がバランシングされるのはおかしいのではないか。もし，ある行為が社会的に有用な行為であるならば，それをやめさせることはできないかもしれないが，それによって被害者が生じる場合には，その被害を賠償した上で当該行為を続ければよい。この場合，当該行為の有用性は不法行為責任を否定する理由にはならないだろう。

　結局，ハンドの定式はガイドラインとしては有益であるが，価値判断ぬき

で数値を代入すれば直ちに答えが出るような公式ではない。

2 証 明

(1) 過失の推定

過失は不法行為の要件（積極的要件）であるので，その立証責任は被害者側にある。被害者としては，加害者が負っている義務を措定し，その義務に反する行為（態様）が存在したことを証明しなければならないことになる。しかし，たとえば，製薬会社や医師が，当該事件のそれぞれの時点でどのような義務を負っていたかを確定するということは，それらの分野について専門知識を持たない者にとっては非常に難しいことである。

そこで，この困難を回避するために，**過失の推定**というテクニックが用いられることがある。これは，過失の立証が完全にできなくとも，ある程度の心証が形成される程度までの証明ができれば，それで一応は過失ありとし，被告側に反対の証明を要求するというものである。最判昭51・9・30民集30-8-816〈136〉は予防接種訴訟に関するものであるが，インフルエンザ予防接種直後に死亡した子どもの親が，担当医師が子どもの健康状態を調べずに接種を行ったとして損害賠償請求をしたものであった。この事件では，医師は一応の問診はしているようであるが，最高裁は，もっと適切な問診をする義務があったのではないかとして，破棄差戻しの判決を下した。

その際の理屈は次のようなものであった（**図表 3/4-4**）。①不適切な問診によって禁忌者（接種を避けるべき者）の識別判断を誤って接種したところ，予防接種の副作用によって死亡・罹患が発生したという場合には，担当医師には予見可能性があったが，過誤によって予見ができなかったものと推定すべきである。②この推定を覆すには，医師の側で，副作用の発現が予知できな

図表 3/4-4 過失の推定の具体例（判例）

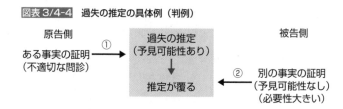

かったこと，その蓋然性が極めて低いと判断されたこと，あるいは，対象者に対する接種の必要性が危険性を上回っていたことなどを立証する必要がある。

　これは医者にとっては厳しい判決だとも言える。実際に，この判決は医師側の激しい反発を招いたという。もっとも，必ずしも他の判決と比べて非常に厳しいというわけではない。すでにふれた最判昭36・2・16（東大輸血梅毒事件——東大病院で輸血を受けた人が梅毒に感染，原因は感染者の献血した血液を輸血したためだったという事件）では，問診をしていれば結果は回避されたと判断されて過失ありとされている。しかし，実際には献血をした人が梅毒感染者であったことを問診で知ることができた可能性はほとんどなかった。そうだとすると，これは過失を擬制したということにほかならない（過失の衣を着た無過失責任）。これに比べれば，最判昭51・9・30が用いた論理は推定であり反証の余地は残されてはいるので，医師側に甘くなっているとも言える。ただ，それでも不可能を強いるとの批判はありうるところである（予防接種判決に対する反発の背後には，東大病院ならば最高の注意義務が課されても仕方ないけれども一般の病院ではたまらないという感覚があるかもしれない）。

（2）　特定度の緩和

　ところで，以上のような過失の推定は，1994年の製造物責任立法の際の争点の一つとなった。いずれ説明するように（⇒**第4章第2節**〔**UNIT 9**〕**Ⅱ 2**），製造物責任法においては，要件は過失から欠陥に置き換えられたのであるが，その欠陥を推定する規定を設けるかどうかが争われたのである。様々な議論がなされたが，結果としては，欠陥を推定する規定は設けられなかった。

　しかし，欠陥を推定する規定を置かなくとも，同様の結果は，欠陥の特定の度合いを緩和する（過失の一般論に即して言えば，義務の特定の度合いを緩和する）ことによって達成しうるものと思われる。

　この点について簡単に説明しておきたい。それには，次の二つの下級審判決を比較するとよい。一つは，東京地判昭58・7・18判時1099-67で，これは，停車中に発火炎上した自動車について欠陥を認めなかったものである。もう一つは，大阪地判平6・3・29判時1493-29で，こちらは，待機状態（電源は入っているがスイッチは入っていない状態）で発火したテレビについて欠

陥の存在を認めたものである（なお，欠陥の概念は新法成立前から用いられていたことを付言しておく）。

　前者においては，裁判所は，発火のメカニズムの解明までを被害者に要求し，それができていないということで欠陥の存在を否定している。これに対して，後者では，裁判所は，通常の状態にあったテレビが発火したということをもってそれだけで欠陥ありとしている。二つの裁判例の結論を分けたのは，欠陥の特定の度合いについての考え方の違いであるように思われる。後者は具体的にここに問題があったというところまで特定しなくとも，発火するようなテレビには全体として欠陥があると言えるとしているわけである[1]（図表 3/4-5）。

図表 3/4-5　特定度の緩和の具体例（判例）

発火≠欠陥あり　　　　　　　発火＝欠陥あり

自動車

テレビ

欠陥

　同じことは過失の推定にもあてはまるように思われる。契約責任である安全配慮義務についても，義務の特定に高い程度が要求されると証明の負担は軽減されないが（⇒本シリーズ契約編），その場合にも特定の度合いを弱めれば推定と同様の効果が得られることになるだろう。いずれの場合にも，どの程度まで義務を特定するかということが，実際にはかなり大きな意味を持つということに注意してほしい。たとえば，薬害や医療過誤などの場合，実際の証明においては，まず，義務が措定されるのではなく，事実の経過が明らかにされ，そのそれぞれのステージについて，本来かくかくしかじかの行為をする義務があったのにしなかったという形で義務違反の判断がなされる。したがって，義務の特定と義務違反の立証とは，ほとんど同じことをしてい

---

1)　鈴木 73 頁参照。

ることになる。そうであるがゆえに，特定の度合いを下げるということは，義務違反の立証の程度を下げることを意味することになる（少なくとも，そのような場合が少なくないことになる）。

Ⅲ　過失判断の具体例

1　序：類型論の必要性

　過失判断の具体例そのものについての説明に入る前に，不法行為法における類型論の必要性に一言だけふれておきたい（⇒本シリーズ契約編・補論）。繰り返し述べているように，日本の不法行為法は，おおまかに言えば，民法709条だけでできあがっており，自己の行為が原因である限り，どのようなタイプの不法行為もすべてこれで処理している。

　しかし，一口に不法行為と言っても，そこには実に様々なものが含まれる。これらを一律に扱うのではなく，ある程度は類型化して考えた方がよいのではないかということが，加藤一郎などによってかなり早い時期から主張されていた[1]。

　それでは，どのように類型化するか。これには大きく分けて二つの方法があるように思われる。一つは，事件類型ごとに分ける方法で，たとえば，交通事故，公害，薬害，水害，名誉毀損などという具合に分けるというものである。これはわかりやすいが，それぞれについて，要件効果の全部を問題にする必要があるということになり，やや無駄が多い。と同時に，不法行為法が統一的な要件効果を定めていることが見失われる危険もある。もう一つは，被侵害利益に着目して分けるというものである。これは事件類型からはやや離れ，少し抽象的な分類になるが，不法行為の多様性を理解するには十分な程度の具体性は備えているように思われる。この分類は，体系的には過失（ないし違法性）のレベルでの類型論ということになる。以下，このような分類を試みたい。

---

1)　加藤一郎・不法行為（有斐閣，1957）は1960年代までの不法行為理論を代表していた。

　分類の基本になるのは，被侵害利益（不法行為法の保護対象）が，財産的な
ものであるか人格的なものであるかであるが，それぞれの中で，権利として
確立されているものとそうでないものとに分ける。権利として確立している
ものと，していないものとでは，被侵害利益の性質に差があり，過失の有無
の判断に影響が出るからである（図表3/4-6）[1]。

図表3/4-6　被侵害利益の類型化

権利性

	強　い	← →	弱　い
財　産	財産権		経済的利益
人　格	人格権		生活的利益

2　財産的利益

（1）財　産　権

　所有権その他の物権に対する侵害は原則として不法行為を成立させる。所
有権侵害は典型的な不法行為であると言えるが，同時に，**物権的請求権**の行
使も可能であるという点には注意を要する。なお，抵当権侵害，著作権侵害
などについては，特別に検討すべき問題もあるが，前者は本シリーズ担保編
に，後者は知的財産法の教科書に，それぞれ譲ることにして立ち入らない。
次に，債権に対する侵害が問題になりうるが，これについては要件に特別の
問題があるので，別に扱う（⇒**4**）。

（2）経済的利益

　他人の財産権を侵害しない限り，市場における経済活動は自由であるのが
原則である。しかし，それでもなお，一定の経済的利益は不法行為法の保護
の対象となると言うべきである。逆に言うと，市場秩序維持の観点から，あ
るいは，取引道徳の観点から許されない行為も存在するのである。具体的に

　1）　広中446-462頁によるところが大きい。加藤248-250頁も参照。なお，広中俊
　　　雄・民法綱要 総論（上）（創文社，1989）3-21頁は，この類型論から出発して，民法
　　　全体の体系化を試みている。

は次の二つが重要である。

　第一に，**営業上の利益の侵害**。たとえば，不正競争防止法2条所定の不正競争によって他人の営業上の利益を侵害した者は損害賠償責任を負う（不正競争4条）。また，独占禁止法も，私的独占・不当な取引制限・不公正な取引方法によって他人に損害を与えた事業者に賠償責任を課している（独禁25条）。独禁法の制度に則って訴訟を行えば，この責任は無過失責任となるが，民法709条による責任追及も妨げられない（最判平元・12・8民集43-11-1259）。詳細は，知的財産法や経済法・消費者法の教科書にあたってほしい。

　第二に，近時は，**不当な勧誘方法**で契約を締結して，その契約によって相手方に損害を被らせた者について，不法行為による損害賠償責任を認める例が，とりわけ下級審で急増している[1]。このような場合に契約の効力を否定せずに直ちに不法行為責任を追及することを認めてよいかにつき，理論上の問題があるが，この問題については**第5章第4節**の「契約・不法行為の位置づけ」でふれることにしたい（⇒〔UNIT 12〕Ⅰ**2**(2)）。あるいはまた，不当に契約交渉を打ち切って相手方の信頼を裏切ったという場合についても，不法行為責任を認める例がある。これは本シリーズ契約編でもふれた通りである。

　適合性原則　判例は一般論としては，証券取引法（現・金融商品取引法）上の適合性原則から著しく逸脱した勧誘して顧客に取引をさせた場合には，不法行為法上も違法になりうるとしている（最判平17・7・14民集59-6-1323。ただし，本件においては，顧客の取引経験・知識・意向・財産状態などに鑑みて，著しく逸脱しているとはいえないとした）。

　パブリシティ権　判例は，名称や肖像の経済的な側面（パブリシティ権と呼ばれる）に対する保護につき，否定的な態度をとっており，競走馬の名称をゲームで使用した事案（最判平16・2・13民集58-2-311，ギャロップレーサー事件），歌手の写真を広告で使用した事案（最判平24・2・2民集66-2-89，ピンク・レディー事件）のいずれにおいても，不法行為の成立は否定されている。

1）　判例につき，清水俊彦・投資勧誘と不法行為（判例タイムズ社，1999）参照。

3　人格的利益

(1)　人　格　権

　まず，**生命・身体に対する侵害**。これらは最も重大な利益であり，その侵害が不法行為になることに異論はない（民710条参照）。物権侵害と並ぶ不法行為の典型である。物権的請求権にもとづく場合と同様の救済も考えられるが，物権の場合と異なり，人格権の場合には明文の規定がなく，また，原状回復が難しい点に問題がある（立法論につき⇒**総論**〔UNIT 1〕。ただし，後で述べる名誉等については独自の規定が設けられている）。なお，生命侵害は，論理的には本人に対する不法行為とは言えないが（民711条参照），判例はこれを認めている。後で損害のところで扱う（⇒**第2章第1節**〔UNIT 6〕Ⅲ**１**(1)(2)）。次に，**自由に対する侵害**。たとえば，逮捕・監禁が不法行為になることは明らかである。なお，性的自由の侵害（暴行・詐術・地位利用などによって性関係を持つこと）もまた，不法行為になりうる。

　　生命・身体にかかわる最近の問題　　ここで，生命・身体に対する侵害と関連する近時の問題として，次の二つを紹介しておきたい。第一は，生命そのものではなく「適切な医療を受ける機会」を保護するかに見えるものである。最高裁は，死亡したと見られる時点においてなお生存していた可能性がある場合には，この可能性（延命利益）は保護に値するとしている。下級審に見られるように，機会の喪失を正面から保護するわけではないが，考え方はこれにかなり近い（最判平12・9・22民集54-7-2574 [88]〈141〉）。第二は，生命を守るための輸血治療であっても，患者が宗教上の理由でこれを望まない場合に，十分な説明をせずに行うことは「手術を受けるか否かについて意思決定をする権利」を奪うことであり[1]，人格権侵害にあたるとしたものである（最判平12・2・29民集54-2-582）。以上の二つは一見すると，正反対のもののようにも思われるが，生命・身体そのものではなく，それにかかわる主観的な利益の保護が問題になっている点では共通しているとも言える。

　近時，重要になっているものとして，**名誉・プライバシーの侵害**がある。

　1）　これを自己決定（権）の侵害と呼ぶこともある。この点につき，窪田137-142頁。

名誉の侵害とは，ある人の社会的評価を低下させる行為であるが，これも不法行為責任を生じさせる[1]。また，社会的評価を下げなくとも，「私生活をみだりに公開する」ことはプライバシーの侵害になり，やはり不法行為となる。前者が不法行為になることは条文からも窺えるが（民710条），後者は，『宴のあと』事件（東京地判昭39・9・28下民集15-9-2317。三島由紀夫の小説のモデルとなった某政治家がプライバシーの侵害を理由に起こした訴訟）で確立された（最高裁も，後に，プライバシーという用語を用いるに至った。最判平15・9・12民集57-8-973〈129〉）。その後，本来のプライバシーからはやや外れるが，ノンフィクション『逆転』事件では，ある者の前科の公表が不法行為にあたりうるとされている（最判平6・2・8民集48-2-149〈128〉）。

　　『石に泳ぐ魚』事件　　柳美里の小説『石に泳ぐ魚』をめぐる訴訟が提起されたが，東京高判平13・2・15判時1741-68は，障害を有する者をモデルにするにあたっては，モデルとされた者の名誉・プライバシーを損なわないように配慮する必要があるとの判断を示し，最高裁もこれを支持している（最判平14・9・24判時1802-60）。なお，この事件では，文学作品につき，人格権としての名誉権にもとづく事前の出版差止めが認められた点も注目される（⇒**第2章第2節**〔UNIT 6〕I）。

　ただし，これらの利益を侵害する行為が一律に不法行為となるわけではない。名誉侵害行為のうち事実を摘示するものについては，それが①公共の利害に関する事実にかかり（公共事項性），②公益をはかる目的に出たものであり（公益目的性），③摘示された事実が真実であることが証明された場合（真実性），または，真実であると信ずるのに相当の理由があると認められた場合（相当性）には，不法行為にはならないとされている（最判昭41・6・23民集20-5-1118）。また，意見を表明するものについては，公正な論評（fair comment）であれば不法行為にならないとの考え方がある[2]。具体的には，

---

1)　名誉の概念につき，建部雅・不法行為法における名誉概念の変遷（有斐閣，2014）を参照。
2)　この点につき，山口成樹「名誉毀損法における事実と意見(1)～(3・完)」東京都立大学法学会雑誌35巻1号，2号，36巻2号（1994-95）。

これにかかわる最判平元・12・21 民集 43-12-2252 を見るとよい。この事件は，校長の指示に従わず通知表をつけようとしてトラブルを起こした教員 X らにつき，これを「有害無能な教職員」などと評するビラ 5000 枚を配った Y らの行為が不法行為にあたるかどうかが問題とされたというものだった。最高裁は，①′ 公共の利害に関する事項について，②′ 目的がもっぱら公益をはかるものであり，③′ 前提としている事実が主要な点で真実であることが証明されていれば，④′ 人身攻撃に及ぶなど論評としての域を逸脱しない限り，不法行為とはならないとした。なお，③′ の証明がなくとも，行為者において真実であると信ずるにつき相当な理由があればよいとされている（最判平 9・9・9 民集 51-8-3804 [90]〈127〉）。

　　事実型と論評型の異同？　　本文では，名誉毀損のうち事実を摘示するもの（事実型）と，意見を表明するもの（論評型）とを区別した上で説明しているが，類型の違いによって判断基準が異なると解すべきか否かについては学説に争いがある。下級審や学説の一部には，意見表明の自由を重視して，論評型については公益目的性の要件を不要とするものもあるが，これに対しては，マスコミの過剰報道を助長するという反論や事実摘示と事実を基礎とする論評の差はあいまいであり両者を別々に扱うのは疑問であるとの指摘もされている。最判平 9・9・9 は，本文で述べたように②′ の要件を必要としているが，③とは区別して③′ を掲げている。なお，③と③′ の区別によって結論が分かれた例として，著作権が侵害されたとする『新・ゴーマニズム宣言』の著者の主張は論評であるとして，名誉毀損の成立を否定した例がある（最判平 16・7・15 民集 58-5-1615）。

　　メディアの性格　　マスコミの報道による名誉毀損の成否を判断するにあたって，メディアの性格を考慮に入れるべきか否かが問題となりうる。しかし，判例は，興味本位の記事を掲載する新聞であるという理由で，真実性や相当性の要件を緩和すべきではないとしており（最判平 9・5・27 民集 51-5-2009），また，地方新聞社などが大手通信社から配信を受けたスキャンダル記事をそのまま掲載した場合にも，一定の信頼性を有する通信社からの配信記事であるというだけでは，相当性の要件を満たさないとしている（最判平 14・1・29 民集 56-1-185）。

　また，被害者が政治家・タレントなど一定程度でプライバシーを放棄していると見られる存在（公人＝public figure）については，保護の度合いは低くなると考えられている。報道の自由とのバランスをとる趣旨だろう。

　さらに，氏名冒用や肖像の無断使用なども不法行為となる。ただし，「氏名を正確に呼称される利益」については，在日韓国人のある人がNHKを相手に訴訟を起こしたが（最判昭63・2・16民集42-2-27），最高裁は，この事案については責任を否定した。もっとも，NHKは，その後，現地読みを徹底させるようになったので，原告の目的は達成されたと言える。

　ほかに，2点をつけ加えておく。いずれも微妙な問題である。一つは，「静謐な環境の下で信仰生活を送る利益」であるが，自衛官合祀に関する最大判昭63・6・1民集42-5-277は，これを法的保護に値する利益とは言えないとした。しかし，事案の解決はともかくとして，一般論としては，人格権の中には信教の自由も当然に含まれるだろうから，それを侵害するような行為は不法行為になりうるだろう。もう一つは，婚姻侵害である。配偶者の一方に加担して婚姻関係を妨害し破綻させる行為（具体的には，不貞行為への加担）は不法行為になるとされている（最判昭54・3・30民集33-2-303）。この判決については，後に**第2節**〔**UNIT 5**〕でも扱うが，婚姻外の性関係そのものは，基本的には不法行為責任が問われるような問題ではないと考えるべきだろうと思う。詳しくは家族法の教科書を見てほしい[1]。

　　内縁とパートナーシップ　　判例は，内縁の不当破棄については不法行為が成立するとしてきたが（最判昭33・4・11民集12-5-789），共同生活の実態を欠き意図的に婚姻を回避しているカップルについては，法的に保護すべき権利・利益が欠けるとして，一方的に関係を破棄しても不法行為責任は生じないとするに至っている（最判平16・11・18判時1881-83）。

　1）　大村敦志・家族法（有斐閣，第3版，2010）54-56頁。

(2)　生活的利益

　人々が社会生活を営む中で，他人に不快の念を抱かせることは少なくない。しかし，明瞭な権利侵害でない限りは行為の自由があるとも言える。そこで，快適な生活を営むという利益をどの程度まで保護するかが問題となる。具体的には，通風・日照妨害，騒音・振動，大気汚染，水質汚染などが問題となるが，これらは**生活妨害**と総称されている。いわゆる公害問題のうち，人身損害が発生したような事例については，人格権侵害の問題として扱うことができる。ここでは，そのような被害に至らないものをも含めて扱うことにする。

　この問題に対する考え方を示す判決としては，まず，大判大8・3・3民録25-356を見てみるとよい。この事件は，「信玄公旗掛松事件」として有名な事件である。国有鉄道の線路のそばにあった松の古木が汽車のばい煙で枯れたということで，松の所有者が損害賠償を請求した事件であるが，大審院は，被告である国の責任を認めている。過失の判断については，大阪アルカリ事件以来の「相当なる設備」の有無という基準で判断しているが，その前提として，そもそも自分の土地の上に線路を敷いて汽車を走らせるのは権利行使であり適法な行為ではないかという疑問に答えている。すなわち，権利行使であっても適当な範囲で行われることが必要で，他人の権利を侵害したときには侵害の程度によっては不法行為となりうるとしている。

　問題は，権利行使の限界を画する「適当な範囲」をどのように画するかであるが，この点について大審院は「社会観念上被害者において容認すべからざるものと一般に認められる程度を越えた場合」には「適当な範囲」とは言えないとしている。この考え方は，基本的には最高裁においても維持されている（最判昭47・6・27民集26-5-1067〈124〉。日照事件に関するリーディング・ケース）。この考え方によると，社会通念上容認できるかどうかが基準となるわけだが，具体的には様々な事情を総合判断してケース・バイ・ケースで判断するほかない。この総合判断の面を強調する見解を「**受忍限度論**」と呼んでいるが（⇒本シリーズ物権編），生活妨害については支配的な考え方であると言える。権利として確立されたとまでは言えない生活上の利益については，このように考えざるをえないであろう。ただ，受忍限度論は特殊な判断枠組

みであるというわけではなく，これは生活妨害という特殊な問題についての過失判断の枠組みであり，過失の一般論に還元可能なものであるという点に注意する必要がある。

　なお，学説の中には，このような総合判断を嫌って，生活上の利益を権利として構成しようという見解も現れた。**人格権**として構成する見解，さらには，**環境権**という新しい権利を認めようという見解などがそれである。その是非はともかくとして，このような法律構成には，利益考量を拒む意図があることは知っておく必要がある。なお，権利構成には，差止めを認めさせようという意図も含まれているが，この点に関しては効果のところで再び述べる（⇒**第2章第2節〔UNIT 6〕Ⅱ**）。

　　人格法の必要性[1]　　人格権については不法行為法の中で扱われることが多いが，今日では，他の問題とあわせて民法総則の「人」のところでも扱う必要があるのではないか。総則は，人・物・行為という3要素について説明しているが，そこに現れる人・物は取引の主体・客体としての人・物にすぎない。そのうちの物については，これを補う規定が物権編の所有権の章に置かれているのでよいが，人については他に規定がない。しかし，今日では，臓器移植や人工生殖，あるいは，要介護の高齢者・精神障害者などとの関係でも，「人」について議論すべき問題は少なくない。そうだとすると，総則の中で総合的に「人」を論ずる必要性は大きいと言わなくてはならない（⇒**総論〔UNIT 1〕**。本シリーズ総則編も参照）。なお，フランス民法典は1994年の改正で，その16条以下に「この法律は，人の優越性を保障し，その尊厳へのあらゆる侵害を禁止し，及び人をその生命の始まりから尊重することを保障する」「何人も，自己の身体を尊重される権利を有する。人体は不可侵である。人体，その構成要素若しくは産物は，財産権の対象とならない」という規定を新設しているが，そこに見られる「人」に対する考え方は参照するに値するだろう[2]。

1）　人格権の法技術的意義につき，平井106-107頁。
2）　人体とその生成物の処分につき，櫛橋明香「人体の処分の法的枠組み(1)〜(8・完)」法協131巻4号〜6号，8号〜12号（2014）を参照。

　　国立マンション事件　　　判例は，良好な景観を享受する利益（景観利益）は法律上保護されるべき利益にあたるとしつつ，その侵害を違法というのは侵害行為の態様が社会的に容認された行為としての相当性を欠くことが必要であるとした（最判平 18・3・30 民集 60-3-948 [89]〈125〉，国立マンション事件。不法行為成立を否定）。

4　その他：故意不法行為[1)]

　類型論の最後に，「その他」として，以上の分類に収まりにくいものをあげておく。二つあるが，いずれも故意の場合を中心とするものである。

◆　**債権侵害**　　　一つは，債権侵害である。債権侵害については債権総論で扱うのが普通だが，ここでも一言だけ述べておく。かつては，債権侵害が不法行為となるかということ自体が争われたが，判例はかなり早い時期からこれを認めている（大判大 4・3・10 刑録 21-279 [19]）。以後，自由競争原理との調整の観点から，故意の場合に限って不法行為責任を認めるという考え方が支配的になった。

　もっとも，今日では，より精密に考える必要があると言われている。まず，賃借権については物権に準ずるものとして考える必要がある。次に，債務者の生命・身体を侵害した結果としてその者が負う債務が履行できなくなったという問題は，損害賠償の範囲の問題として扱う必要がある。これらの問題を除いた上で，一般の債権侵害については，契約の存在を知りつつそれを侵害するのはやはり不法行為になると言うべきであり，したがって，契約の存在についての予見可能性を問題にすることで過失に還元できるとする見解が有力になっている[2)]。この見解によると二重譲渡の場合の第二買主なども不法行為責任を負うことになる。

　この考え方そのものは理解できるが，そこでの予見可能性は他の場合の予見可能性とはかなり水準が違うように思われる（たとえば，調査義務はないだ

---

　1)　意識的に故意不法行為を別建てにして論ずるのは，平井 69 頁以下。反対，加藤 151-152 頁。
　2)　吉田邦彦・債権侵害論再考（有斐閣，1991）。

ろう）。そうだとすると，広い意味での「過失」の判断枠組みの中で考えることは可能ではあるが，やはり他の問題と同じくは論じられないと言うべきだろう。

◆　**不当訴訟**　もう一つは，不当訴訟である。訴訟を起こすこと自体は裁判を受ける権利からしても権利の行使と言うべきである。しかし，判例は，提訴が「裁判制度の趣旨目的に照らして著しく相当性を欠く」場合には，不法行為となりうるとしている（最判昭63・1・26民集42-1-1）。自分に権利はないことはわかっているのに訴訟を起こした（悪意），または，普通の人なら簡単にわかるはずであった（重過失）という場合にのみ，責任が認められるということだろう。これも「過失」に還元することは可能ではあるが，やはり，注意義務の水準の低い特別な類型であると言うべきだろう。

Ⅳ　不法行為責任の阻却事由

最後に，不法行為責任が阻却される事由についてふれておくことにしよう。

■1■　責　任　能　力

古典的な不法行為法の過失概念が心理的なものであり，また，今日において，過失が客観化した後もなお予見可能性が要求される背後には，行為者に対して，ある望ましい心理状態であるべきだった，または，ある一定の義務を果たすべきだった，しかし，それをしていなかったという非難を向けることが可能であってはじめて責任を問いうるという考え方がある。そして，そのような考え方の前提としては，そもそもそのような非難を向けることができるだけの判断能力を行為者が持っていることが必要となる。このような判断能力を**責任能力**と呼んでいるが，この能力を欠く者は不法行為責任を負わないとしなければならない。

この能力は法律行為における能力とは一致しない（**図表3/4-7**）。具体的には，**責任弁識能力**のない未成年者（民712条）と精神障害により責任弁識能力を欠く者（民713条）とが責任無能力とされている。前者については，ケー

図表 3/4-7 法律行為の能力と不法行為の能力

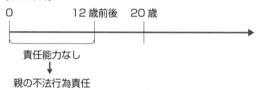

ス・バイ・ケースだが，おおよそ 12 歳あたり（11〜14 歳）が分かれ目であるとされている。単純な行為については 6，7 歳あたりでも弁識能力があると言えそうだが，民法 714 条によって親などの監督義務者の責任を追及するためには子が責任無能力であったということが必要なので，年齢の基準は高い方に設定される傾向にあると言われている。後者については，故意または過失によって自ら心神喪失状況を招いた場合には免責されない（民 713 条ただし書）。刑法でいう「原因において自由な行為」の考え方と共通の考え方である。

　　原因において自由な行為　　刑法では，構成要件該当行為時に責任能力があることが必要とされる。したがって，結果を引き起こした行為の時点で心神喪失状態にあれば処罰はできないことになる。しかし，その時点で責任能力がなくとも（「自由でない」），その原因となった行為に遡れば責任能力がある（「自由である」）場合には，責任を問いうるとされている。このような考え方を「原因において自由な行為」と呼んでいる[1]。

1）山口厚・刑法総論（有斐閣，第 2 版，2007）254 頁以下。

　なお，過失の客観化が進み，さらに，無過失責任に近い責任が認められる
ようになると，行為者の非難可能性の前提となる責任能力を要求することの
妥当性が問題とならざるをえない。たとえば，後に説明するが（⇒**第4章第1
節**〔**UNIT 9**〕**I 1**(1)），今日では使用者責任はほぼ無過失責任に近い運用が
なされている（免責の立証は極めて困難）。そうであるとすると，被用者の行
為時にたまたま使用者が一時的に心神喪失状態にあったということで免責を
認めるのはおかしい。工作物責任における所有者の責任（完全な無過失責任）
については，責任能力を問題としないのが通説であると思われるが，ほかに
もそのように考えるべき場合が少なくないように思われる。

2　正当防衛など

　責任能力のほかに不法行為責任を阻却する事由として，民法典は，正当防
衛と緊急避難をあげている（民720条）。なお，民法上の正当防衛・緊急避難
は刑法のそれと異なる概念であるので注意が必要である（**図表3/4-8**）。

図表3/4-8　正当防衛・緊急避難（刑法との対比）

加害の対象		民　法	刑　法
人	相手方	正当防衛	正当防衛
	第三者		緊急避難
物	その物	緊急避難	正当防衛
	他の物	――	緊急避難

　正当防衛とは，他人の不法行為（ここでは過失・責任能力などは問題にならな
い。客観的なレベルでの違法行為であればよい）に対して，自己または第三者の
権利（または法律上保護される利益）を防衛するためにやむをえずに行う加害
行為のことである。加害の対象が不法行為の行為者であるか第三者であるか
を問わない。つまり，刑法でいう正当防衛・緊急避難の双方を含む。なお，
「やむをえず」の要件の中には，他に手段がないことのほかに，受ける被害
と与える被害のバランスがとれていることが含まれるとされるが，不法行為

の行為者に対する反撃の場合には法益権衡をはかる必要はないとの見解も有力である。

　これに対して，**緊急避難**とは，人ではなく物に起因する危難に対して，その物を毀損することのみを指す。この場合，その物の管理者等の不法行為の存在を必要としないが，反面，攻撃の対象はその物に限られる。その結果，第三者の所有物の毀損は緊急避難にあたらないことになるが，これに対しては疑問であるとする見解が多い（刑事上は緊急避難にあたるが民事上はあたらないことになってしまう）。立法で解決するしかないとの見解もあるが，法益権衡の要件を加えた上で類推適用をすべきだとの見解もある。

　このほかに，規定はないが，正当な**業務行為**（現行犯逮捕，親権者等の懲戒権行使）や適法な自力救済は不法行為とならないとされている。スポーツや医師による手術については，相手方の承諾によって不法行為が成立しなくなるとする見方もあるが，正当な業務行為に含めて考える方がよいとも言われている。ただし，その場合には「業務」という文言による制約を緩やかに解する必要がある。

3　失火責任法

　なお，最後に**失火責任法**という法律にふれておく必要がある。これは，1899年制定の法律だが，「民法第709条の規定は失火の場合には之を適用せず。但し失火者に重大なる過失ありたるときは此の限に在らず」というものである。この法律は，木造家屋の多い日本では，いったん火事を出すと延焼により非常に大きな損害が発生することがあるが，それを全部賠償させるのは気の毒だという配慮によるものだとされている[1]。ただ，この立法趣旨が今日でも妥当するかという点には疑問も示されている。

　なお，借家人が火事を出したという場合に（**図表3/4-9**〔次頁〕），延焼については重過失がない限り責任を負わないが（不法行為責任が問題となり失火責任法が適用される），家主に対しては善管注意義務違反となり責任を免れな

---

　1) 立法過程なども含めて，澤井裕・失火責任の法理と判例（有斐閣，初版，1989，増補版，1990）。

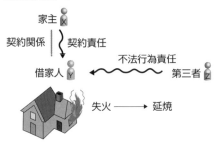

図表3/4-9　借家の火事と失火責任法

い（債務不履行責任が問題となり失火責任法は適用されない）。また，火薬などの危険物の爆発などによって生じた火事についてもこの法律は適用されないとされている。危険物の管理者には特に高い程度の義務が課されているはずであり，失火責任法はそのような者を免責する趣旨ではないというのがその理由である。

　　重過失とは何か　　重過失は免責されるという場合には，重過失とは何かが問題になる。一般には「著しく注意義務を欠いた状態」などと定義されてきたが，この説明は，心理状態としての過失の概念を前提としており，客観化された近年の過失の概念とは整合しない。過失の概念の中に心理状態を評価する場所を見出すか，客観的な義務違反につき程度を想定する指標を組み込むことが必要になっている。

　　失火責任法をめぐる立法論——主体による区別・その2　　学説には，失火責任法は今日では合理性を有しないという立法論的な批判があるが，失火者が事業者の場合と個人の場合とで区別をすべきだとする見解もある。後者の見解は失火責任法の中に含まれている思想（個人に過大な責任を負わせることは適切とはいえないという思想）を，なお保持しようというものであると言えるだろう。

MAIN QUESTION

人はなぜ責任を負うのか？

KEY SENTENCES

■違法性は不法行為の客観的要件であるとされ，主観的要件である故意・過失と対置された。……（しかし）違法性概念は，権利侵害という条文上の制約を超えて不法行為の適用範囲を広げるのには貢献したが，今日では意味を持っていないし，それを支える理論的根拠もあいまいである。

■現在の判例法においては，過失の要件の中で，加害者側の事情と被害者側の事情とが総合的に判断されるようになっている。

■過失とは「結果回避義務の違反をいうのであり，かつ，具体的状況のもとにおいて，適正な回避措置を期待し得る前提として，予見義務に裏づけられた予見可能性の存在を必要とする」。

■過失は不法行為の要件（積極的要件）であるので，その立証責任は被害者側にある。

■義務の特定と義務違反の立証とは，ほとんど同じことをしている。……そうであるがゆえに，特定の度合いを下げるということは，義務違反の立証の程度を下げることを意味する。

■一口に不法行為と言っても，そこには実に様々なものが含まれる。これらを一律に扱うのではなく，ある程度は類型化して考えた方がよい。

TECHNICAL TERMS

相関関係説　心理状態（としての過失）・義務違反（としての過失）　結果回避義務　予見可能性　転医義務　ハンドの定式　過失の推定　物権的請求権　営業上の利益の侵害　不当な勧誘方法　生命・身体に対する侵害　自由に対する侵害　名誉・プライバシーの侵害　生活妨害　日照事件　受忍限度論　人格権　環境権　責任能力　責任弁識能力　正当防衛・緊急避難　業務行為　失火責任法

REFERENCES

平井宜雄・損害賠償法の理論（東京大学出版会，1971）
前田達明・不法行為帰責論（創文社，1978）
石田穣・損害賠償法の再構成（東京大学出版会，1977）

　　1970年代の不法行為理論をリードした3人の著者の論文集。とりわけ初めの
二つは，本文でも述べたように，過失・違法性や損害賠償の範囲など不法行為
法の基本問題につき，異なる考え方を展開したことによって，不法行為理論の
深化に大きく寄与した。最後のものは，不法行為を理論的に類型化し，709条の
適用されない類型があるとした点などに特徴があった。

　　その後，百花繚乱の不法行為理論に一定の方向性を与えるべく，判例のリス
テイトメントが試みられたことも付言しておこう（不法行為法研究会・日本不
法行為法リステイトメント〔ジュリスト合冊版，1988〕）。

■ UNIT 5　因果関係——因果関係が問題になるのはどんなときか？

■参照条文■　709 条

＊もうひとつⅡ-1，Ⅱ-3，不法行為判例 1-1，1-5

（不法行為による損害賠償）
第 709 条　故意又は過失によって他人の権利又は法律上保護される利益を侵害した者は，これによって生じた損害を賠償する責任を負う。

第*1*章第*1*節〔UNIT 3/4〕では，過失，損害，因果関係という三つの要件のうち，過失についての説明を行った。そこで，**第*2*節**〔UNIT 5〕では因果関係について説明したい。まず因果関係の概念を明らかにした上で（**Ⅰ**），その証明に関する問題をとりあげたい（**Ⅱ**）。

不法行為の要件としての損害　損害については，要件のレベルで独立に説明すべきことは特にないということは前に述べた通りである（⇒**第*1*節**〔UNIT 3/4〕）。念のために，もう一度繰り返すと以下の通りである。有形の物的損害や人的損害がある場合には，損害の存在自体に争いはないだろう。そして，無形の損害（経済的損害や精神的損害）の場合には，有形の損害が同時に発生

しているならば賠償範囲の問題となるし，有形の損害がないという場合には，むしろ，過失の存否のレベルで，あわせて損害の有無が判断されることが多い。先に見たように，経済的利益や生活上の利益の場合には，そのような利益を侵害しないという注意義務があったかどうかが問題とされるのであり，損害と切り離した形で過失だけが問題になるわけではないからである。

第2節　因果関係

Ⅰ　因果関係の概念[1]

1　相当因果関係説

(1)　内　容

因果関係に関するかつての通説は「相当因果関係説」と呼ばれるものであった。まず，出発点としてこの考え方を説明しておこう。過失と損害が因果関係で結ばれてはじめて不法行為は成立するが，これは，別の言い方をすると，過失と因果関係のある損害についてのみ賠償がなされるということである。ところが，過失（と評価される行為・態様 C）から出発して，D_1 という結果が生じ，そこから D_2 という結果が生じ，さらに，D_3 という結果が生じ，ということを考えると，この因果の連鎖は際限なく続きうる（**図表5-1**）。

図表5-1　因果の連鎖

過失（＝ 行為・態様 C）──→ 損害（$D_1 \rightarrow D_2 \rightarrow D_3$……）

たとえば，Y の過失による交通事故（C）で X がけがをしたとしよう（D_1）。そのため，X はしばらく仕事に行けなくなった（D_2）。それが原因で X は職を失い（D_3），愛想をつかして妻が家出をし離婚に至った（D_4），そのため X は情緒不安定になり（D_5），治療のためにアメリカに行くことになった（D_6），

1)　澤井裕「不法行為における因果関係」民法講座 6。

その帰りに飛行機の事故にあった（D7），そして，彼の死亡を苦にして彼と生活していた娘が自殺した（D8）……といった具合に。

そこで，この事実の連鎖の中から，賠償すべき損害を切り分けるために「相当因果関係」という概念が用いられることになった。この概念自体はドイツ法に由来するものであるが，大審院以来，日本の判例に定着した概念となっている。そして，そこでいう相当因果関係の内容は，債務不履行の場合の損害賠償の範囲に関する民法416条の内容とイコールであるとされている。判例は，不法行為にも416条を準用し，その上で，この基準に相当因果関係という名を与えてきたのである。このルールを確立したのが，大連判大15・5・22民集5-386〈145〉であった。ちなみにこの事件も有名な事件であり，「富喜丸事件」と呼ばれているものである。この判決が具体的に問題にしている点については後で述べることにして（⇒**第2章第1節**〔**UNIT 6**〕**II 1**(3)），いまここでは，そこに示された一般的な定式を紹介しておけば足りる。その定式とは，繰り返しになるが，「416条＝相当因果関係＝不法行為にも準用」というものであった。

富喜丸事件判決における因果関係の定式　　本文で述べた富喜丸事件判決は次のように述べている。原文はカタカナ書きだがひらがな書きに改めて，さわりの部分を紹介しておくので，読んでみてほしい。「不法行為に因りて生ずる損害は自然的因果関係より論ずるときは，通常生じ得べきものなると特別の事情に因りて生じたるものなるとを問はず，又予見し若は予見し得べかりしものなると否とを論ぜず。加害者は一切の損害に付責に任ずべきものと謂はざるを得ずと雖，其の責任の範囲広きに過ぎ加害者をして無限の負担に服せしむるに至り，吾人の共同生活に適せず。共同生活の関係に於て其の行為の結果に対する加害者の責任を問ふに当りては，加害者をして一般的に観察して相当と認め得る範囲に於てのみ其の責に任ぜしめ，其の以外に於て責任を負はしめざるを以て法理に合し，民法第709条以下の規定の精神に適したるものと解すべきものなればなり」。大審院はこう述べた上で，「而して民法第416条の規定は共同生活の関係に於て人の行為と其の結果との間に存する相当因果関係の範囲を明にしたるものに過ぎずして，独り債務不履行の場合にのみ限定せらるべきものに非ざるを以て，不法行為に基く損害賠償の範囲を定むるに付ても同条の規定を類推して其の因果律を定むべきものとす」としたのである。

(2)　批　判

　しかし，判例の言う「相当因果関係」は，先にも述べたように，損害賠償の範囲を画するための基準にほかならなかった。先の例に即して言えば，D_1……のどこまでを賠償の対象とするかがそこでの問題であった。確かに，ある行為 C を原因として生じたすべての損害を賠償させることはできないだろう。何らかの基準によって賠償範囲を画する必要があるとは言える。しかし，賠償範囲を画するのは，はたして，言葉の正確な意味での因果関係だろうか。判例は，実際には，行為 C を原因として，D_1……以下が起こったという事実は認めつつ（その意味で因果関係は認めつつ），そのような因果関係で結ばれた損害の中から賠償の対象となるべき損害を切り分けるために「相当因果関係」という概念を用いてきたと言ってよいだろう。判例は「相当因果関係」という用語を使っているが，この用語法のポイントは，「因果関係」よりもむしろ「相当」の方にあると言うべきなのである。つまり，判例は，この概念によって，事実判断ではなく，価値判断を行ってきたというわけである。

② 新説の登場

(1)　構 成 要 素

　以上のような批判を展開する学説が登場したことによって，相当因果関係説は，今日，少なくとも以前のような絶対的な通説ではなくなっている。新しい学説は相互に対立してはいるものの，判例を批判するという点では一致している。諸説はこぞって，判例が，狭い意味での因果関係と損害を賠償すべき範囲とを混同している（少なくとも，明瞭に区別していない）という批判をしてきた。その結果，今日では，因果関係とは，法的評価とは区別された事実的なものであるという理解が一般的になるに至っている。そして，これを「事実的因果関係」と呼ぶことが増えている。

　実は，かつて「相当因果関係」の語によって語られた問題の中には，この事実的因果関係の問題も含まれていないわけではなかった。しかし，同時に，損害賠償の範囲の問題や損害の金銭的評価の問題もまた，相当因果関係の問題とされていた。新説は，共通して，これら二者（ないし三者）の区別を強

調している。つまり，新説の主張によって，法的評価とは切り離された「事実的因果関係」というものの必要性が明らかにされたことになるだろう。

　これとは別に，損害賠償の範囲を画する基準が問題となる。近時では，この問題——平井宜雄に従って「**保護範囲**」の問題と呼ばれることが多い——に関しては，事実的因果関係の問題とは区別して議論した方がよい，という考え方が支配的である。この点でも一致は見られる。見解の一致を見ないのは，その先である。それでは，どのようにして保護範囲を画するか。相当因果関係説はこれに対する一つの考え方を提示していたわけであるが，これに対して，新しい学説は，「義務射程説」と呼ばれる見解（平井）や「危険性関連説」（前田ほか）と呼ばれる見解を提示している[1]。これらの見解の内容については，損害賠償の範囲のところでふれることにして（⇒**第2章第1節**〔**UNIT 6**〕I *II*(2)）今は立ち入らず，以上の説明を図示しておくにとどめる（図表5-2）。

図表 5-2　**相当因果関係をめぐる判例と学説**

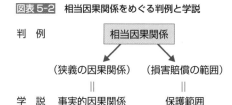

判　例　　　　　　相当因果関係

　　　　　（狭義の因果関係）　（損害賠償の範囲）
　　　　　　　　　　‖　　　　　　　　‖
学　説　　事実的因果関係　　　保護範囲
　　　　　　　　　　　　　　　（＋金銭的評価）

(2)　評　　価

　さて，以上のように，近時の諸学説は，損害賠償の範囲を画する基準，すなわち，保護範囲を決定する基準に関して対立しているが，事実的因果関係と保護範囲とは別の問題だという認識ではほぼ一致している。つまり，因果関係という用語で問題とすべきは，保護範囲ではなく事実的因果関係の方で

---

1)　概説書としては，平井 122-128 頁，前田達明・民法Ⅵ₂不法行為法（青林書院新社，1980）296-303 頁。なお，四宮和夫・事務管理・不当利得・不法行為(中巻)（青林書院新社，1983）447-463 頁も参照。

あることが明らかにされたのである。それゆえ，以下，この研究成果に則って，事実的因果関係の問題について検討を加えたい。

　それに先だって，次の2点をつけ加えておいた方がよいだろう。第一に，この認識が一般化した背景には，事実的因果関係が問題となる事案——具体的には公害事件——が重要な不法行為事件として出現したという事情があるだろうということ。これは**序章**（UNIT 2）でも述べた通りである。第二に，事実的因果関係という表現にかかわらず，また，実際には，事実的因果関係は単に事実のレベルで判断されるようなものではないということ。すなわち，これもまた法的判断にほかならないのではあるが，保護範囲に比べると事実との関連性の高い問題であり，そうであるがゆえに「事実的」という形容詞がふさわしいということ[1]。このことは，やや理解しにくいかもしれないが，IIの具体的な説明を読めば，わかってもらえるだろう。

II　因果関係の判断

　ここで言う因果関係は事実的因果関係であるが，その存否の判断基準に関する問題と証明に関する問題をとりあげる。

1　判断基準
（1）基　本
　事実的因果関係とは，ある行為Cが結果＝損害Dを引き起こしたという関係——事実のレベルでの関係——のことである。この関係の存否の判断にあたっては，「CがなければDはなかった」と言えるかどうかが基本的な判断基準となるとされている。これを「あれなければこれなし」の公式（but for test）と呼ぶ（条件関係とも呼ばれる）。この関係はあくまでも事実のレベルで判断されるべきものとされるが，ただ，CがDの唯一の原因である必要

---

1)　事実的因果関係概念の主唱者もこれを認める（平井84頁）。鈴木119頁も参照。水野謙・因果関係概念の意義と限界（有斐閣，2000）および米村滋人「法的評価としての因果関係と不法行為法の目的(1)(2・完)」法協122巻4〜5号（2005）も参照。

はないとされている。Cが他の事実とあわさってDを引き起こしたとして
も，Cが欠ければDはなかったという関係さえあれば，それで因果関係は
あるというのである。このあたりになると，非常に明瞭に見えるルールもい
くらかあいまいになってくる。

(2)　限 界 事 例

そこで限界事例について考えておくことが必要になる。三つの問題をあげ
ておく。

◆　**原 因 競 合**[1)]　　　　　X_1 と X_2 とが Y に対してそれぞれ毒物を投与し
たという場合を考えてみよう。これを**原因競合**な
どという。X_1 も X_2 も致死量を投与していたとすると，X_1 あるいは X_2 の一
方の行為がなくとも他方の行為があれば致死という結果は発生する（図表
5-3 I〔次頁〕）。この場合に，「あれなければこれなし」の公式による限り
（あれがなくともこれはあったので）因果関係はないということになってしまう。
しかし，他方の行為がなくとも死亡という結果は生じたはずなので，X_1，
X_2 の責任を否定するのはいかにもおかしい。結論として，この場合に双方
に責任を認めることに異論はないのだが，これを「あれなければこれなし」
の公式で説明することはできない。いろいろ正当化のための議論がなされて
いるが，十分に説得力があるとは言えない。現時点では，「あれなければこ
れなし」の公式を維持しつつ，この例は直感的に承認された例外とするほか
ない（あるいは，この死とその死は別の死だと言うか）。

　なお，X_1 の毒物，X_2 の毒物の双方があわさって致死量に達した場合には，
「あれなければこれなし」の公式で因果関係ありということになる（図表5-3
II〔次頁〕）。この場合，賠償額の計算においては，加害者が複数であること
を考慮する必要があるが，これは次章で扱う問題である（⇒**第2章第1節**
〔UNIT 6〕I**2**。なお，**第3章第1節**〔UNIT 7〕II**2**も参照）。

---

1)　原因競合の類型化を試みるものとして，四宮・前掲418-429頁，森島昭夫「因果
　　関係」不法行為法研究会・日本不法行為法リステイトメント（ジュリスト合冊版，
　　1988）40頁以下などを参照。

図表5-3　（広義の）原因競合の場合

Ⅰ：X_1＝致死量　　　　　　　　Ⅱ：X_1＋X_2＝致死量
　　X_2＝致死量

　X_1なし ━━▶ 結果発生　　　　　X_1なし ━━▶ 結果不発生
　因果関係なし？　　　　　　　　　因果関係あり（賠償額は？）

Ⅲ：X_1の行為 ━━▶ 結果発生
　　X_2の行為 ━━▶ （X_1の行為がなければ）結果発生

　X_1なし ━━▶ 結果発生
　因果関係なし？

◆　**仮定的因果関係**[1]　　　広い意味では原因競合の問題であると言えるが，次のような問題もある（図表5-3 Ⅲ）。高速道路上に倒れていた（生きていた）人 Y を，X_1，X_2 の車が次々にひいてしまった。X_1 がひいたことによって Y は死亡したが，X_1 がひかなかったとしても，その直後に同じ場所を通過した X_2 は Y をひいてしまい，やはり Y は死亡しただろう。この場合にも，「あれなければこれなし」を適用すると，X_1，X_2 の行為の一方がなくとも Y は死んだのだから，因果関係はないことになってしまう。しかし，この場合，X_1 は少なくとも責任を負うと言うべきだろう。では，X_2 はどうか。X_1 がひかなければ X_2 がひいただろう。このような関係を**仮定的因果関係**と呼んでいる。確かにこのように言えるのであれば，因果関係を認めるのが直感にはかなうと言うべきだろう。ただし，ここでも賠償額の調整をする必要は残る。後に，共同不法行為のところで再説する（⇒**第3章第1節**〔UNIT 7〕**Ⅱ 2**）。

◆　**自由意思の関与**　　　行為と結果の発生の間に第三者や被害者自身の行為が介在し，それが原因となって損害が発生したという場合，最初の行為と結果との因果関係はあると言えるか。とりわけ，間に介在したのが被害者自身の行為である場合はどうかが，ここでの問題である。典型的な例は被害者が自殺してしまったというものだが，最判平5・

---

1)　樫見由美子「不法行為における仮定的な原因競合と責任の評価(1)〜(6・完)」判時1124号，1127号，1134号，1153号，1166号，1184号（1984-86）を参照。

9・9判時1477-42はそのようなものであった。ほかに，**いじめのケースも**ある（東京地判平3・3・27判時1378-26）。これらの場合，被害者の**自由意思の関与**があるので因果関係の認定は難しいが，やはり「あれなければこれなし」と言えるかどうかが決め手となる。その意味で，このタイプの問題は，実際には解決困難だが，理論的には原則通りに処理できるものである。ただし，賠償額の問題はやはり別途検討が必要となる。

　なお，以前にもふれた最判昭54・3・30（婚姻侵害のケース）だが，最高裁は，子どもが父の愛人に対して行った損害賠償請求に対して，父親が未成年の子に愛情を注ぐことは父親の意思によって行えるのであり，愛人との同棲によって妨げられるものではないとした。判決は相当因果関係がないとしているが，事実的因果関係が欠けるということだろう。

②　証　明

（1）　基　本

　事実的因果関係の立証は原告側が行うのが原則である。それでは，どの程度の証明ができれば立証ができたことになるのか。この点については，最判昭50・10・24民集29-9-1417［87］〈139〉を見るとよい。この事件は，またも東大病院の事故に関するものだが，「ルンバール・ショック事件」と呼ばれるものである。3歳の幼児Xにルンバールという療法を行ったところ，15～20分後に嘔吐・けいれんの症状が現れ，運動・発語・言語に障害が残ったというのがその内容だが，因果関係の立証につき，最高裁は，一般論として，一点の疑義も生じない自然科学的証明は不要であり**高度の蓋然性の証明**で足りる，そして，その程度は「通常人が疑いを差し挟まない程度に真実性の確信を持ちうる」ものであればよいとしている。しかし，実際には，この程度の証明であっても原告にとっては難しいという事件が，最近は少なくない。

（2）　立証の軽減

　そこで，立証の軽減がはかられることになる。いくつかの試みがなされている。三つをとりあげる。

◆　**因果関係の推定**

　これは，ある間接事実が立証されたら，被告がそれを覆すだけの特段の事情につき反証しない限り，因果関係の存在を認定するというものである（**間接反証理論**などと呼ばれることがある）。基本的には過失の推定と同じ考え方である。先にあげたルンバール・ショック事件判決は，具体的な立証のレベルではこの考え方をとっていた。さらに，それ以前の下級審判決として著名な新潟水俣病事件判決（新潟地判昭 46・9・29 判時 642-96）を紹介しておこう。この判決は，①被害疾病の特性とその原因物質，②汚染経路，③生成・排出のメカニズムの 3 要素のうち，①②の立証がなされれば，③についての反証を企業側が行わない限り，因果関係はありとされるとした。つまり，被害者のところから出発して，工場の門前まで因果関係をたどれば，工場の中については企業側に反証の責任があるとしたわけである（**図表5-4**）。証拠との距離なども考えると妥当な考え方であると言えよう。

図表5-4　因果関係の推定の具体例（判例）

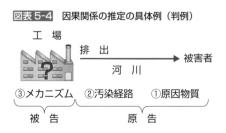

◆　**疫学的因果関係**

　上記の 3 要素のうち，①②についても立証が難しいこともある。そこで，この点について，**疫学的因果関係**という考え方が用いられることがある。四日市ぜんそく事件判決（津地四日市支判昭 47・7・24 判時 672-30）の考え方がそれである（それ以前に，富山地判昭 46・6・30 判時 635-17 ＝富山イタイイタイ病事件判決も採用）。この方法は，個人ごとの症状発生の病理的メカニズムを解明しなくとも，集団的・統計的に見て因果関係が認められればよいというものである。たとえば，コンビナートからの風にさらされている地域ほどぜんそく発生率が高い（四日市ぜんそく）とか，汚染河川の流域に被害が集中している（富山イタイイタイ

病）といった事実を証明することになる（**図表5-5**）。これも合理的な証明方法であると言えよう[1]。

図表5-5 疫学的因果関係の具体例（判例）

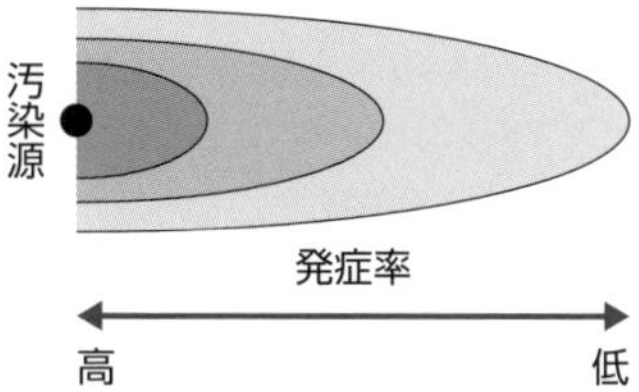

汚染源

発症率

高　　　　　　　　　　低

◆　割合的認定・
　　確率的心証

以上のような手段を使っても証明が困難な場合，あるいは，このような手段を用いることができない場合は，なお残る。そこで，一般的に公害事件では，証明の度合いを下げてもよいのではないかという主張がされたこともあるが，公害事件だけを特別視することの理由が説明できず，あまり支持が得られなかった。これとは別に現れたのが，心証が低いレベルにとどまる（クロとは言えないがシロではない）という場合には，100％ではなく50％，60％の心証でも立証はできているとする，その代わりに賠償額も50％，60％にするという考え方である。これが**割合的認定・確率的心証**の考え方である。この考え方には，心証を数字で表せるか，また，損害賠償請求の場合にだけこのように考えるということでよいかという批判がある。しかし，科学的に見ても，50％の可能性でこれが原因という場合はありうるので，この考え方はおかしくないという意見もある。なおいっそうの検討が必要とされるところである。

1）　疫学的因果関係に対する批判につき，吉村 107-108 頁。

MAIN QUESTION

因果関係が問題になるのはどんなときか？

KEY SENTENCES

■判例は「相当因果関係」という用語を使っているが，この用語法のポイント
は，「因果関係」よりもむしろ「相当」の方にある。……判例は，この概念によ
って，事実判断ではなく，価値判断を行ってきた。

■今日では，因果関係とは，法的評価とは区別された事実的なものであるとい
う理解が一般的になるに至っている。

■事実的因果関係とは，ある行為Cが結果＝損害Dを引き起こしたという関
係──事実のレベルでの関係──のことである。この関係の存否の判断にあた
っては，「CがなければDはなかった」と言えるかどうかが基本的な判断基準と
なる。

■事実的因果関係の立証は原告側が行うのが原則である。……その程度は「通
常人が疑いを差し挟まない程度に真実性の確信を持ちうる」ものであればよい。
……しかし，実際には，この程度の証明であっても原告にとっては難しいとい
う事件が，最近は少なくない。

TECHNICAL TERMS

相当因果関係　事実的因果関係　保護範囲　条件関係　原因競合　仮定的因果
関係　いじめ　自由意思の関与　高度の蓋然性の証明　間接反証理論　疫学的
因果関係　割合的認定・確率的心証

REFERENCES

中野貞一郎・過失の推認（弘文堂，1978，増補版，2004）

　不法行為法は，証明責任に関しても大きなインパクトをもたらしたが，先駆
的な研究として上記のものがある。

第2章　一般不法行為の効果

■ UNIT 6　損害賠償その他——損害の算定は可能か？

■参照条文■　709条，711条，721条，722条1項，723条，724条，
724条の2

＊もうひとつII-1，II-2，不法行為判例2-5-1

（近親者に対する損害の賠償）

第711条　他人の生命を侵害した者は，被害者の父母，配偶者及び子に対しては，その財産権が侵害されなかった場合においても，損害の賠償をしなければならな

い。

（不法行為による損害賠償請求権の消滅時効）

第724条　不法行為による損害賠償の請求権は，次に掲げる場合には，時効によって消滅する。

一　被害者又はその法定代理人が損害及び加害者を知った時から3年間行使しないとき。

二　不法行為の時から20年間行使しないとき。

（人の生命又は身体を害する不法行為による損害賠償請求権の消滅時効）

第724条の2　人の生命又は身体を害する不法行為による損害賠償請求権の消滅時効についての前条第1号の規定の適用については，同号中「3年間」とあるのは，「5年間」とする。

　第1章（UNIT 3/4〜UNIT 5）では，一般不法行為の要件について説明をした。**第2章**では，効果を説明しよう。不法行為の効果は原則として損害賠償であるが（民722条1項），例外的に，その他の効果が認められることもある。まず**第1節**では，損害賠償についての説明を行い，続いて**第2節**では，その他の効果にふれることにしたい。

第1節　損害賠償

　まず損害賠償であるが，損害賠償については，一方で，どの範囲の損害が賠償の対象となるか（保護範囲）という問題——かつては「相当因果関係」の名のもとに論じられた問題——がある（Ⅰ）。他方，そのようにして画された損害を金銭に見積もって賠償することになるが，その際の計算方法が問題になる（Ⅱ）。さらに，損害賠償請求権の主体・消滅に関する問題もある（Ⅲ）。

I　賠償の範囲

1　基　　準

（1）判　　例

　損害賠償の範囲を画する基準として判例が用いてきたのは，いわゆる相当因果関係説であり，その実体は，民法 416 条の類推適用というものである。このことを明示したのが，富喜丸事件判決（大連判大 15・5・22 民集 5-386〈145〉）である。これ以前の判例は，損害賠償の範囲を制限するという発想を持っていなかったとされているが，この判決によって，どのような基準によるかはともかくとして，損害賠償の範囲を限定するという考え方が確立された意義は大きい。

　しかし，今日では，416 条類推適用説は学説の批判にさらされている。第一の批判は理論的な批判である。416 条は債権債務関係（主として契約関係）にある当事者の間における債務不履行責任を規律するルールである。そのような場合に「予見可能性」が問題とされるのには合理的な理由があるが，全く関係のなかった当事者の間に生じる不法行為責任を規律するのに，「予見可能性」を問題にするのはおかしいというものである。第二に，歴史的な批判であるが，起草者は 416 条の類推適用を考えていなかったことが指摘されている。第三に，より実際的な批判になるが，判例は，416 条の類推適用と言いつつも，実際には必ずしもこのルールに従っていないことが指摘されている。

（2）学　　説

　それでは，判例の一般論を否定する学説の側から提案されている基準はどのようなものか。学説の中には，代替基準を定立するのに消極的なものもあるが[1]，それを除くと，主な学説は二つの方向のものに分けられる。

　一つは，第一次侵害と後続侵害とを分けるものである。さらに細かく言うと，この見解は，第一次侵害による損害については，侵害自体から生じた損

---

1)　森島昭夫・不法行為法講義（有斐閣，1987）322-325 頁。

害（例＝身体傷害から生じた負傷という損害）はすべて賠償を要するが，それによって被害者の財産が受ける損害（例＝転売利益の喪失や弁護士費用）については損害発生が確実なもののみ賠償すればよいとし，後続損害については，第一次侵害が創出した危険性と関連があるかどうかを基準とする（**危険性関連説**）。たとえば，交通事故で入院し，手術の結果，病状が悪化したという場合には，けがをすれば手術することになるので，この危険は最初の危険と関連しているが，入院先で風邪をうつされたという場合には，これは一般の危険にすぎないということで危険性関連はないとされる。

　もう一つは，このような区別を設けないものである。それでは何を基準にするかというと，不法行為の要件である過失（その内実である義務）を基準とする。この考え方は，行為者の義務が及ぶと考えるべき範囲がすなわち賠償の範囲となると説くのである（**義務射程説**）。

　結局のところ，二つの見解は，損害の区別をするかどうか，後続侵害の帰責基準を行為から切り離すか，という二点で異なっている。しかし，実際の帰結について見ると，両者の違いはそれほど大きくない。下の図（**図表6-1**）で言えば，どちらの説でも D_{1a}（危険性関連説によれば第一次損害のうち，侵害自体から生じた損害。義務射程説はこのような区別はしない）は常に賠償の対象となるだろうし，D_2 以下（危険性関連説によれば後続損害。義務射程説はやはり区別はしない）の損害については行為の危険性が一定の意味を持ってくる（D_{1b} は，直接の被害者以外に生じた損害を示す。これについては「間接損害」の項で説明する）。二つの見解の対立は理論的には興味深いのであるが[1]，ここではこの点に深く立ち入ることはせずに，具体的な問題を見てみることにしたい。

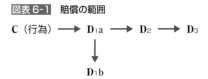

図表6-1　賠償の範囲

$$C（行為）\longrightarrow D_{1a} \longrightarrow D_2 \longrightarrow D_3$$
$$\downarrow$$
$$D_{1b}$$

---

1)　窪田 328 頁に詳しい。

2 具体的問題

大きく分けて，三つの問題が議論されていると言える。

第一に，死亡とか負傷といった同一の事柄から発生する個別の損害をどこまでカバーするかという問題がある。どのような特殊な治療をしてもすべて含まれるか，また，ほかに高く売れるはずのものが滅失したとき「予想される転売価格」が賠償の対象となるかといった問題である。しかし，近時はこれは，賠償範囲というよりも，むしろ，**損害の金銭的評価**の問題として考えるべきだと言われている。なお，そのように言われている背景に，損害概念の変化があるが，この点についても後で述べる（⇒**Ⅱ*1*(1)**）。

第二に，前章でも説明した（⇒**第*1*章第*2*節〔UNIT 5〕Ⅱ*1*(2)**）原因競合によって損害が拡大した場合に，どこまでをカバーするかという問題もある。Ｘの行為ＣからＹの損害Ｄが発生したことは確かである（事実的因果関係は存在する）。しかし，Ｘの行為以外の別の事情——それはＺの行為であったり自然力であったりする——が競合し，その結果として損害が拡大したという場合に，損害ＤはＸが賠償すべき損害の範囲に入るかどうかという問題である。

この点については次のように考えられている。一方で，競合する原因が従来予想もできないようなものであった場合（大規模な自然災害の場合など）には，賠償範囲に入らないとされることがある。水害訴訟などで不可抗力であると判断された例はこれにあたるだろう。しかし，このような程度に至らなければ賠償範囲に入り賠償の対象となる。他方，同じく予想の難しい行為であっても，被害者Ｙ自身の自由意思が介在している場合（自殺の場合など）には，賠償範囲に入らないとされることが多い。なお，被害者の特異体質などの場合にはむしろ自然力に近いが，これは過失相殺に似た考え方で処理されているので，そこで扱う（⇒**第*3*章第*2*節〔UNIT 8〕Ⅱ*1*(1)**）。被害者以外の第三者Ｚの行為（たとえば，治療にあたった医師のミス）の場合には判断が難しい。Ｘの過失の程度，Ｚの過失の程度が比較考量されることになろう（前者が大きければ賠償範囲に入る。また，後者が大きければ賠償範囲から外れやすい）。

なお，賠償範囲に入ることになっても，金銭的評価をする際に原因競合を考慮する余地はなお残されている。

　第三に，第三者が間接的に被った損害をどこまで賠償するかという問題がある。Yが死亡したためにその妻Wが受けた精神的苦痛は賠償を要するか，またYが負傷し働くことができなくなったためにYの雇主Uが被った損害を賠償するか。これは賠償範囲の問題であると同時に，見方を変えると被害者の範囲の問題でもある。債権侵害から賠償範囲へと送ったテーマだが，さらに先送りにして，具体的な検討は賠償請求権者の箇所で扱う（⇒**Ⅲ𝟭**(3)。ただし，一部の問題は，損害の算定の箇所〔⇒**Ⅱ**〕で扱うことになる）。

Ⅱ　損害の算定

　賠償範囲に入ると判断された損害は，次に金銭的に評価されることになる。そして，損害の額が決まることになる。以下，この計算について説明をする（**𝟭**）。しかし，これが最終的な賠償額となるわけではない。計算の結果として決まった額から一定の減額がなされることがある。この点についてもふれよう（**𝟮**）。

𝟭　計　算　方　法

（1）　前　　提

　賠償額計算の具体的な方法について説明する前に，前提として，三つのことを説明しておこう。

◆　**金銭賠償の原則**　　損害賠償は金銭の支払によって行うのが原則である（民722条1項→民417条）。ただし，当事者が合意によって原状回復を行うことは可能である。また，名誉毀損については原状回復に関する特則がある（民723条）。さらに，しばらく前からは，将来に向けての差止めも問題になっている。これら損害賠償以外の効果については，後に説明する（⇒**第2節**）。なお，金銭で賠償する場合にも，一時金払と定期金払とが考えられる。定期金払には，その後の状況の変化（たとえば，後遺症など）に対応できるとか，インフレを考慮に入れることができるといったメリットがあると言われているが，反面，加害者の資産状態が変動する可能性がある，また，取立てが面倒だというデメリットがある。そのため，

実際には一時金払がほとんどである。

◆ 全額評価の原則

すでに述べたように（⇒ I **1**），損害賠償の範囲に
ついては制限を設けるというのが現在の考え方で
ある（**制限賠償主義**）。しかし，その上で，範囲内に入る損害についてはでき
るだけ賠償をして，不法行為以前の状態を実現すべきであると言われている。

◆ 損害の概念[1]

損害については，被害者が失った金銭が損害であ
るというかつての考え方（**損害＝金銭説**）と，被害
者が被った被害そのものが損害であるという最近の考え方（**損害＝事実説**）と
がある[2]。両者の違いは，たとえば，人身損害の評価に現れる。ある人が，
ある被害を被っても稼働能力がマイナスにならないような場合には，損害は
ないことになるかという問題について，金銭説ならばそうなりそうだが，事
実説だとそれでも損害があると評価しうることになる（最も極端な例をあげれ
ば，働くことができず全く収入がない人が交通事故で死亡した場合，金銭説によれば
損害はない，かえって生活費がかからなくなるが，これをどう評価するかが問題にな
る）。今日，学説においては，賠償額算定の裁量性が強調されており，損害
概念についても事実説の考え方が強くなってきている[3]。

最高裁は依然として金銭説に立つようである（最判昭 56・12・22 民集 35-9-
1350 [100] 〈150〉）。ただし，近時では，金額の算出はある程度まで抽象化さ
れて行われている（最判平 8・5・31 民集 50-6-1323 〈151〉）。そこでは，現実に
得られた金額にできるだけ近づこうというわけではなく，得られるべき金額
が賠償されるべきだと考えられているように思われる。その意味では，純粋
な金銭説に事実説を加味していると見ることもできる。

> ▌ **差額説・労働能力喪失説という用語**　本文では，損害概念につき金銭説・
> ▌ 事実説という用語での対比を行っているが，一般には，**差額説**とか**労働能力喪失**

---

1) 高橋眞「損害論」民法講座別巻 1。
2) 判例・通説であると思われる前者に対して，後者を主張したのは平井 75 頁。
3) 今日でも差額説を支持するものとして，広中 498 頁，鈴木 81 頁など。なお，潮見
　　274 頁は，損害の包括的把握と包括請求方式とは直結しないことに注意を促し，請求
　　方式としては個別損害項目積算方式が優れているとする。

説といった用語をよく目にする。差額説とは，不法行為がなければあったであ
ろう（仮定的な）利益状態と不法行為の結果として現にある利益状態の「差額」
を損害とする考え方であり，本文の損害＝金銭説はこれを指している。また，
労働能力喪失説というのは，人身損害につき差額として算出される損害がなく
ても，労働能力の喪失があればそれ自体を損害として賠償を認めるべきだとす
る考え方であり，本文の損害＝事実説のバリエーションであると言える。もっ
とも，損害＝事実説という用語が，訴訟における主張立証を念頭に置いている
のに対して，労働能力喪失説は人間の価値の評価に関する思想に重点を置いて
いるというニュアンスの差はある。

　　損害概念の「包括性」　　後述のように，損害＝金銭説（差額説）に立つと思
われる判例が，個別の損害項目の積算によって損害額を計算しているのに対し
て，損害＝事実説は各種の損害項目を含む包括的な損害を観念する。この点で
は，前者は個別的，後者は包括的であると言える。しかし，前者が，被害者の
財産全体を対象に「差額」を計算するのに対して，後者は，一つの損害を取り
出して評価の対象にしようとする点に着目すれば，前者が包括的，後者が個別
的であると言うこともできる。（加藤雅信は後者の観点に立つ）[1]。

(2)　損害項目

　損害額の実際の計算はおおよそ次のようになされている。まず，損害項目
は三つに分けられる。①**積極的損害**，②**逸失利益**，③**慰謝料**がそれである。
①は，加害の前後で実際に減った金銭であり，入院費用・葬儀費用などがこ
れにあたる。②は，被害を受けたことによって失われた得べかりし利益（将
来得ることができたはずの利益）であり，就労によって得ることができたはず
の賃金や転売利益のようなものがこれにあたる。③は，精神的損害である
(**図表6-2**)。

　これらのうち，③については具体的な計算根拠は不要であり裁判官の裁量
によるとされている。実際には，賠償額全体を調整するために慰謝料が操作
されることも少なくない（慰謝料の補完的機能）。①②については，最高裁は，

1)　加藤302-304頁。

図表 6-2　損害計算の実例

例：被害者 X（フリーター）が交通事故で負傷して 1 カ月間入院。

① 積 極 的 損 害　50 万円　医療費（財産が 50 万円減った）
② 逸 失 利 益　20 万円　賃金相当額−生活費
　　　　　　　　　　　　　（財産が 20 万円増えなかった）
③ 慰　謝　料　50 万円

個別に根拠をあげて立証することが必要であるとしている（入院にいくらかかった，これまでの賃金はいくらであり今後はいくらぐらいである，等々）。しかし，下級審は，そのような数字を参考にして裁判官が判断すればよいという態度をとっているように見える（大体どの程度かかるはずである，平均してどの程度かせげるはずであるという考え方。具体的な立証を必ずしも要しない）。これを徹底させると，個別の損害項目を積み上げることには意味はないという考え方に至る。**一括請求・包括請求**という考え方である。これは，立証の簡易化，原告団の足並みの統一をはかるということもあって，大規模な公害訴訟などで主張されることの多い考え方であるが，最大判昭 56・12・16 民集 35-10-1369〈153〉（大阪空港公害訴訟）で，最高裁は一定の理由づけをして，原審の採用した一括請求を適法としている。ただし，これは慰謝料請求の事例であった（一括請求を認めてもあまりおかしくない事例だった）。

　なお，逸失利益の算定に際しては，年収から生活費を控除して年間の純益を算出し，これに稼働可能年数を掛ける，そして，そこから**中間利息**を控除するという方法をとる。債権法改正では，このことが明文化されるに至った（新 722 条 1 項→新 417 条の 2）。

　　中間利息の控除　一時払賠償の場合，将来得られるはずの収入を現在の時点で予めもらってしまうわけである。たとえば，20 年後の収入の額そのものを今もらってしまうと，もらいすぎになる。というのは，20 年後には 20 年分の利息がつくからである。そこで利息分の控除が必要になるわけである。20 年後に得るべき収入額を A，年利率を r として，現時点で支払われるべき額 X を最も単純に計算すると下のようになる（**図表 6-3**〔次頁〕）。
　　実際には，より精密な計算方法がいくつかある（最もポピュラーなのは，複式ホフマン式とライプニッツ式と呼ばれるもの。たとえば，最判昭 53・10・20 民集 32-7-1500 に出てくる）。

図表6-3 中間利息の控除

$$A=(1+20r)X$$

$$X=A／(1+20r)$$

中間利息の控除と法定利率　　近時の低金利に鑑みると民事法定利率（債権法改正前は年5％。旧404条）による中間利息控除は過大ではないかという問題が提起されたが，判例は，従前同様，民事法定利率を用いる姿勢を維持している（最判平17・6・14民集59-5-983）。なお，債権法改正においては，法定利率の引き下げ（年3％。新404条2項）とともに，緩やかな変動制（その内容につき新404条3項～5項を参照）が採用されている。

負傷した被害者の死亡　　被害者が死亡した場合には，稼働できなくなる年齢に達するまで生存しえたと仮定して逸失利益を算定する。被害者が負傷した場合にも同様であるが，この場合には，訴訟係属中に被害者が死亡してしまったときにどうするかが問題となる。判例は，後発の事故によって死亡した場合にも，死亡の事実は就労可能期間の算定に際して考慮すべきではないとしている（最判平8・4・25民集50-5-1221［101］，前掲最判平8・5・31）。後続の事故による損害賠償請求においては，最初の事故によって被害者の労働能力が低下していることを前提に賠償額を算定するので，このように解さないと被害者が被った全損害が賠償されないことになる（図表6-4）。

　なお，判例は，死亡によって介護費用が不要になった場合には，その分は請求できなくなるとしている（最判平11・12・20民集53-9-2038〈152〉）。

図表6-4　第1事故・第2事故による逸失利益

例：第1事故（加害者Y₁）で，稼働能力50％減少（稼働可能年数20年）
　　その3年後に，第2事故（加害者Y₂）で死亡

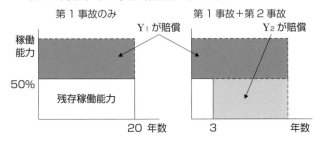

（3）問 題 点

以上が計算方法の概要だが，金銭的評価に関してはいろいろな問題がある。それらのいくつかについて判例を紹介しながらふれておこう。

◆　積極的損害の
　　範囲について

この問題については，最判昭 49・4・25 民集 28-3-447〈147〉を見てほしい。この事件では，X は Y の自動車に衝突されて重傷を負った。その X の看護のためにウィーンへ留学中だった娘 A が帰国した。X は Y に対して，治療費・慰謝料に加えて A の帰国旅費の賠償をも請求したところ，最高裁は，看護等のために被害者のもとに赴くことが社会通念上妥当な場合には旅費は償還すべきであると判断した。これは一種の看護費用であり，積極的損害に含まれるということだろう。

　　間接損害　　ある不法行為から事実として生ずる損害は，被害者のみならず被害者と一定の関係にある者にも及びうる（78 頁の**図表 6-1** の D_1b）。損害＝事実説によれば，いずれも一つの損害に含まれることになる。これに対して，損害＝金銭説（差額説）は，被害者の財産状況の変化を基礎とするので，直接の被害者以外の者に生じた損害は，別に特別に扱わなければならない。このような損害を**間接損害**と呼んでいる。本文で述べた娘 A の旅費が A の負担によるものだとすると，損害＝金銭説によれば，それは間接損害となる。間接損害の例としては，従業員が事故にあい稼働できなくなったことによって，企業が被る損害などがしばしばあげられる。

◆　**幼児・女子の逸失
　　利益について**

逸失利益は有職者についてはその人の現実の所得を基礎に計算する。そうすると，無職者や幼児の場合の逸失利益の計算はどうすればよいかが問題になる。最判昭 39・6・24 民集 18-5-874〈148〉は，無職者や幼児の逸失利益も算定不能となるわけではないとした判決である。具体的には，原審の採用していた平均賃金を用いる方法を是認している。ところが，この平均賃金方式を用いると，いくつかの問題が生じる。その中でも特に重要なのが，男女の賃金格差の問題である（**図表 6-5**〔次頁〕）。この問題は現実に存在している問題であるが，個々の被害者の賃金実額を賠償対象としている限り問題が

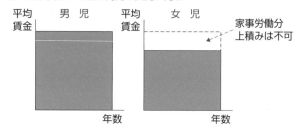

図表6-5　**逸失利益における男女格差**

顕在化することはなかった。しかし，平均賃金という形で定型化・抽象化さ
れると，男女で命の値段が違うのかという深刻な問題が現れることになった。
最高裁は，女性が結婚後も労働を続けるという前提での計算は認めた。仮に
専業主婦となるにしても家事労働について平均賃金をもとに算定されるべき
であるというのである（最判昭49・7・19民集28-5-872）。しかし，下級審に見
られた平均賃金にさらに家事労働分を上乗せするという方式は拒否されてい
る（最判昭62・1・19民集41-1-1 [102]〈149〉）。

　　全労働者平均賃金の利用　　その後は，逸失利益の算出にあたり，男女を通
じての全労働者の平均賃金を基礎とする算出方法の是非が問題となっている。
下級審は，これに対して肯定的なものと否定的なものとに分かれている。今後，
検討されるべき重要な問題である。

　関連する問題として，外国人労働者（特に不法労働者）の逸失利益をどう計
算するかという問題が生じているということをつけ加えておこう。不法労働
者につき，判例は，予測される日本国内での就労可能期間内については国内
での収入を基礎として計算し，その後については出国先（ふつうは母国）で
の収入を基礎とするという考え方を示している（最判平9・1・28民集51-1-
78）。

　　将来の年金　　不法行為の被害者が年金を受給していた場合に，将来支払わ
れるべき年金は逸失利益に算入されるべきだろうか。かつて，判例は，逸失利
益性を認める傾向にあったと言われているが，学説には反対もあった。この点

につき，二つの判決が現れ注目された。すなわち，最判平11・10・22民集53-7-1211は，障害基礎年金・障害厚生年金につき，逸失利益性を肯定したのに対して，最判平12・11・14民集54-9-2683は，遺族厚生年金について逸失利益性を否定した。前者においては受給者が保険料を拠出していたのに対して，後者の場合にはそうではなく，社会保障的性格が強い点が，判断を分けたといえよう。

◆ 転売利益について　これについては，すでに何度かふれた大連判大15・5・22民集5-386〈145〉（富喜丸事件）を見てほしい。この事件は海難事件であり，X・Y所有の船舶が衝突，Xの船（富喜丸）が沈没したというものであった。沈没当時（1915年），富喜丸と同等の船舶の評価額は約10万円であったが，その後，第1次大戦の影響で，1917年には190万円ほどになったが，原審判決当時には10万円以下に下落していた（図表6-6）。

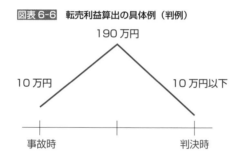

図表6-6　転売利益算出の具体例（判例）

190万円

10万円　　　　　　　　10万円以下

事故時　　　　　　　判決時

Xは最高価格の賠償を求めたが，大審院は，損害発生時を基準に損害額を計算するという原則に立ち，**転売利益**も逸失利益として賠償の対象となりうるとしつつも，騰貴した価格を損害額として請求するためには，価格騰貴の事実に加えて，その価格で転売したであろうこと，それが，事故時に予見可能であったことを立証しなければならないとした。学説には批判が強く様々な見解があるが，口頭弁論終了時を基準時とすべきだとする見解や裁判官の裁量に委ねるべきだとする見解が有力である。

民事訴訟法248条との関係　1996年に制定された現行民事訴訟法248条

においては,「損害が生じたことが認められる場合において,損害の性質上その額を立証することが極めて困難であるときは,裁判所は,口頭弁論の全趣旨及び証拠調べの結果に基づき,相当な損害額を認定することができる」という規定が置かれた。一定の要件のもとでではあるが,裁判官の裁量を認めた規定として注目される。

② 損益相殺[1]

以上のようにして計算された賠償額につき減額がなされることがある。減額事由としては,損益相殺と過失相殺とがあるが,これら二つはその性質を異にするものである。より難しい問題である過失相殺については関連問題をも含めて独立に扱うことにして(⇒**第3章第2節**〔UNIT 8〕),ここでは損益相殺のみをとりあげることとしたい。

損益相殺とは何か。被害者 Y が不法行為によって損害を受けると同時に利益をも受けている場合(実際には損害を補塡するような給付を加害者 X 以外の者から得ている場合)には,この利益を考慮に入れないと,被害者としては過大な賠償を得たことになる。そこで,その利益分を賠償額から控除することが行われるが,これを損益相殺と呼んでいる。

労災給付との関係について,最高裁は,現実に保険金が給付されない限り,控除を要しないとの立場をとっていた(最判昭52・10・25民集31-6-836)。その後,遺族の損害賠償請求につき遺族年金との関係が問題になった事案について,最高裁は判例変更を行い,損益相殺的処理を認めるという立場を打ち出すに至った(最大判平5・3・24民集47-4-3039〈160〉)。しかし,この判決には反対意見も付されており,また,学説にも反対の見解がある。理由はいくつかあるが,その中でも,遺族年金は遺族の生活保障のためのものであり,同一の原因から生じた利益とは言えないという考え方は検討に値するだろう。なお,事故によって被害者がたまたま得た保険金や社会保障給付については,損益相殺の対象としないという判断が示されている(最判平7・1・30民集49-1-211,最判平8・2・23民集50-2-249)。

---

1) 吉田邦彦・不法行為等講義録(信山社,2008)199頁以下。

Ⅲ　損害賠償請求権

1　請 求 権 者

これまで，損害賠償について説明してきたが，誰が誰に賠償を請求できるかという点については，特にふれることがなかった。「誰に」については原因競合の場合が問題になるが，その一部については因果関係や保護範囲の問題として説明した（⇒**第 1 章第 2 節**〔UNIT 5〕**Ⅱ*1*(2)**，**第 2 章第 1 節**〔UNIT 6〕**ⅠⅡ**）。また後には，共同不法行為の問題として説明する（⇒**第 3 章第 1 節**〔UNIT 7〕**Ⅰ*1*(2)**）。ここでは「誰が」という問題について考えておきたい。

（1）　被害者本人

まず，被害者本人が損害賠償請求権を有することには問題がない。この場合の「本人」には，自然人だけでなく法人も含まれる。ただし，**法人**の場合には人身損害はありえないので，主として財産的な損害が問題となる。なお，法人について非財産的損害がありうるとした判決がある（最判昭 39・1・28 民集 18-1-136。法人の名誉毀損が問題となった）。なお，権利能力なき社団についても法人と同様の扱いが可能であろう。

自然人については，**胎児**もまた損害賠償請求の主体となりうる（民 721 条）。たとえば，母体に対する打撃や有毒物の投与などが胎児に対する攻撃であると判断される場合もある。このような場合には，出生後に損害賠償請求を行うことができる。なお，大判昭 7・10・6 民集 11-2023〈162〉では，近親者としての胎児につき，固有の請求権の有無が問題となっている（後で述べるように，一般論としては，被害者本人の請求権を相続すると解するのが判例の一般的な傾向であるが〔民 886 条参照〕，本件では，特別な事情があったためこのような構成がとられたのだろう）。

（2）　近 親 者[1]

被害者本人が生存していても**近親者**の固有の損害の賠償は問題になりうるが，本人が死亡してしまった場合に，特に近親者の賠償請求権がクローズア

---

1)　淡路剛久「生命侵害の損害賠償」民法講座 6，吉村良一「民法 710 条・711 条（財産以外の損害の賠償）」民法典の百年Ⅲ。

ップされる。

　まず，この問題に対する考え方の対立を紹介しておこう。判例は，財産的損害（特に逸失利益）についても，精神的損害（慰謝料）についても，本人に賠償請求権が生じ，これが相続されるという考え方をとっている（**相続構成**）。財産的損害については下級審もこの考え方に従っているが，慰謝料については，これに従わない下級審判決も存在する。これに対して，学説においては，今日では，いずれの損害についても相続を認めずに，遺族固有の損害を問題にするという考え方が有力である（**固有権構成**）。財産的損害・精神的損害のそれぞれについて，もう少し詳しく見てみよう。

◆　**財産的損害について**
　まず，判例の立場を見てみよう。大判大15・2・16民集5-150〈163〉は，被害者Aが即死したケースだったが，加害者Y（国）は，即死によってAの人格は消滅したので損害賠償請求権が発生する余地はないと主張した。これに対して，大審院は，加害の瞬間に損害賠償請求権は成立するとして，相続人Xの賠償請求を認めた。

　この判例に対する学説の批判のポイントは次の諸点にある。①瞬時に発生するといった技巧を用いてみても，死亡により生じた損害賠償請求権を権利能力を喪失している死者に帰属させるという構成にはどうしても無理がある。②相続構成をとると，子どもの損害賠償請求権を親が相続する場合に，子が平均余命まで生きたと仮定して逸失利益を親にとらせるのはおかしい（親が先に死んでしまうはずだから）。③死者と経済的な関係のなかった者であっても相続人であるというだけの理由で損害賠償がとれることになる（「笑う相続人」の出現）。

　しかし，判例の立場にもメリットがないわけではない。相続構成を否定すると，遺族が受けられた扶養利益が失われたことを固有の損害として賠償請求をすることになるが，これだと賠償額が高くなりにくい，また立証の負担が生ずるといった困難が生じる。それゆえ相続構成の方がよいというのである。なお，加害者もまた即死した場合，損害賠償義務は相続人に相続されると構成するほかないので，それとのバランスを考えると，相続構成でよいとも言えるのではないかと思われる[1]。

◆　精神的損害に
　　ついて

　これも判例から見ていこう。慰謝料請求権については，かつて，これは一身専属権であり相続の対象とならないとされたが（民896条ただし書），その後，本人が請求の意思を表明すれば通常の債権と同じ扱いになるとの考え方がとられた。大判昭2・5・30新聞2702-5は「残念残念」と言いつつ死んだというケースにつき意思表示があったとして慰謝料請求権の相続を認めた。しかし，「助けてくれ」では意思表示にならないとする判決もあり，意思表示に依存させるのはおかしいという批判が強くなった。最大判昭42・11・1民集21-9-2249〈164〉は，この批判を容れて，慰謝料請求権は損害発生と同時に発生し，請求権を放棄したと解される特段の事情がない限り，意思表示など格別の行為を必要としないとした。

　しかし，学説は，この問題についても相続否定説が有力である。財産的損害の場合と同様の理由（論理的な難点，「笑う相続人」の出現）に加えて，慰謝料請求権はやはり一律に一身専属権と解すべきではないか，民法711条があるので相続性を認める必要はないのではないか，と言われている。

　なお，711条は，①死亡の場合に，②父母，配偶者，子は，慰謝料請求をなしうるという規定であるが，①′死亡に準ずる傷害の場合，②′その他の近親にも拡張が可能であると説かれている。

　　相続放棄の場合の損害賠償請求　　相続構成をとると，相続を放棄した遺族はもはや損害賠償請求をなしえなくなるとも言える。しかし，判例は，この場合にも，遺族の固有の利益である扶養利益につき損害賠償請求をなしうる（ただし，相続による場合と当然に同額にはならない）としている（最判平12・9・7判時1728-29）。さらに踏み込んで誰が請求できるかという問題を考える際に，参照されるべき興味ある判決である。

---

1)　鈴木113頁，北川283頁，内田426-427頁など，それぞれ留保付きで相続構成を支持するものが増えている。

(3)　その他の者

その他の者が受けた損害（前述した「間接損害」。⇒Ⅱ**1**(3)）については，二つの類型に分けて考える必要がある。一つは，本来は被害者が負担し加害者に賠償請求をすることができるような費用を被害者以外の者が支出していたという場合である（「肩代わり損害」「不真正間接損害」などと呼ばれる）。この場合には間接被害者が直接に加害者に請求してもよいとする見解が強い。もう一つは，いわゆる**企業損害**（被害者を雇用していた企業，被害者が経営していた企業が受ける損害）の場合である。この点については，学説には，このような損害の賠償を認めると加害者の予見可能性が著しく害されるとして，原則として賠償を要しないとする見解と，義務射程に入るかどうかで決めればよいとする見解がある。ただし，後者の場合にも，実際には義務射程に入らない場合が多いと考えているようである。なお，判例には，企業損害の賠償を認めたかのようなものもあるが（最判昭43・11・15民集22-12-2614 [99]〈142〉），これは間接被害者が被害者の個人会社であったという事例であり，会社の損害は実質的には被害者の損害にほかならなかった。それゆえ，これを一般化することはできないだろう。

2　期　間　制　限[1]

次に，損害賠償請求権にかかる期間制限について説明しておこう。民法724条（および新724条の2）がこの点に関する規定である。この規定の特色は，3年（5年）の期間（短期期間）と20年の期間（長期期間）の二つの期間を定めているという点にある（他に，民126条・426条などに類似の例がある）。

二つの期間のうち，長期の方は，通常，**除斥期間**であると考えられてきた（最判平元・12・21民集43-12-2209がこの点を明らかにしている）。除斥期間だとすると，援用は不要，更新・完成猶予（債権法改正により用語が変更された）はありえないということになるが（⇒本シリーズ総則編），最判平元・12・21の場合，それで妥当な解決が導けるかどうか疑問がないわけではなかった。援

用は不要だとしても，訴訟において除斥期間満了を主張することが信義則に反し許されないという場合は残ると解すべきではないか。最判平元・12・21はこれを否定していたが，その後に現れた最判平10・6・12民集52-4-1087は，旧724条後段期間は除斥期間であるとしつつも，158条の趣旨を援用して期間満了の効果は発生しないとしていた。

　さらに，最判平21・4・28民集63-4-853は，加害者が死体を隠匿したために相続人が死亡の事実を知りえなかったという特殊な事案につき，除斥期間満了の効果を否定した。

　短期の期間を消滅時効と解する点に異論はない。被害者の感情の鎮静化や証拠の散逸を考えると，この程度で時効が成立するとした方がよいということだろう。しかし，3年は期間としてはかなり短い。そこで，実際には，時効の起算点（条文上は「損害及び加害者を知った時」）を操作することによって，妥当な結果を得る努力がなされている。

　最判昭48・11・16民集27-10-1374［108］〈165〉は，戦争中にスパイ容疑で取調べを受けYから拷問を受けたXが，戦後，Yを捜し出して損害賠償請求をしたという事件だったが，最高裁は，「加害者を知りたる時」とは，「賠償請求が事実上可能な状況のもとに，その可能な程度にこれ〔加害者〕を知った時」を意味するとし，この事件では，その時点から3年が経過していないとしてXの請求を認めている。

　もう一つ，不法行為時には予想しなかったような後遺症が出てきたような場合，あるいは，公害などで被害が継続的・累積的に生じている場合が問題となる。前者については，最判昭42・7・18民集21-6-1559は，予想しえなかった後発損害については独立に時効が進行するとした。また，後者については，損害の全体が確定してから（すなわち，損害がやんでから）時効が進行すると考えるべきだろう。最判平6・2・22民集48-2-441［百選Ⅰ-44］は，「じん肺」という疾病につき債務不履行責任（安全配慮義務違反）の消滅時効が問題になったケースであるが，ここでは，症状に関する最終の行政決定がなされた時点から時効は進行するとされており，参考になる（**図表6-7**〔次頁〕）。その後，最判平16・4・27民集58-4-1032［109］〈166〉は，損害が遅発性のものである場合は，旧724条後段の「不法行為の時」は，加害時で

はなく損害発生時だとした。

図表6-7 損害が継続的・累積的な場合の時効起算点

最初の損害　　最終の損害

３年

◆ **債権法改正と　　**新法においては，724条の３年・20年の期間はい
**　　724条**　　　　ずれも時効期間であるとされた。また，生命・身
　　　　　　　　　　体に関する不法行為については３年ではなく５年
の期間が定められた（新724条の2）。一般の時効期間は５年・10年と二重化
され（新166条1項），かつ，生命・身体の侵害による損害賠償請求権につい
ては10年ではなく20年とされたため（新167条），たとえば，医療過誤によ
って生命・身体に対する侵害が生じた場合，不法行為であれ債務不履行であ
れ，時効の点での差は解消されることになる。

　以上の改正（20年の期間の時効期間化と人身損害に関する時効期間の統一および
特例としての延長）は，契約法改正としての実質を持つ債権法改正においては
付随的な改正として行われたものであったと言える。しかしながら，この改
正は理論上も実際上も重要なものであり，ある意味では債権法改正の最大の
成果であったとも言える。

第2節　そ の 他

I　名誉毀損の場合[1]

　最後に，損害賠償以外の効果（一般的な金銭賠償に対して，「特定的救済」と呼
ばれることもある）について説明するが，まず条文に規定のある名誉毀損の場
合を考えてみよう。

謝　罪　文

本誌昭和六〇年七月一二日号の記事において、いわゆる豊田商事事件に関連して〇〇〇さんが豊田商事××会長の愛人であり、経営のパートナーであった旨の記述部分がありました。しかしながら、右記述は事実に反するものであり、そのために〇〇〇さんの名誉を毀損し、御本人及び関係者各位に対して大変御迷惑をおかけ致しました。

よって、ここに右記述を取り消すとともに、深くお詫び致します。

　　　　　　株　式　会　社　△　　　△

　　　　　　週刊誌Ｆ誌前編集人　　□　◇

　　　　　　　　　　　　　　　　　□　◇

　　同誌前発行人　　　　　　　　　□　◇

○　　　　　　　　　　　　　　　　□　◇

○

○　殿

　民法 723 条は，名誉毀損の場合につき，裁判所は，損害賠償に代え，あるいは損害賠償とともに，「名誉を回復するのに適当な処分」（**名誉回復処分**）を命ずることができるとしている。賠償をもらっても失われた名誉は回復しないので，名誉についてはこのような特別な措置が認められている。名誉回復処分は，社会的な評価が下がった場合にこれを回復するための処分であるので，社会的評価が下がったわけではない場合（プライバシー侵害の場合などにありうる）には問題とならない。また，これを回復するためには，社会に向かって処分がなされる必要があるので，相手方への謝罪文の交付などは「適当な処分」にあたらない。

　実際には，**謝罪広告**が命じられることが多い（上にその一例を掲げる）。この方法に関しては，良心の自由に反するのではないかとの疑問が提起された。しかし，判例は，「陳謝の意を表します」という程度のものであれば良心の自由を侵害するとは言えないとしている（最大判昭 31・7・4 民集 10-7-785〈168〉）。

　さらに進んで，事前に**差止め**を行うことができるかが争われたのが，最大判昭 61・6・11 民集 40-4-872［百選Ⅰ-4］〈169〉（北方ジャーナル事件）である。出版社 X 新聞社は，北海道知事選の候補者 Y につき，その名誉を毀損

---

　1)　藤岡康宏「名誉・プライバシー侵害」民法講座 6。

するような記事の掲載を予定していたところ，Yが事前にこれを知り雑誌
の販売禁止の仮処分をかけた。これが認められたので，XがYと国を相手
に，損害賠償訴訟（逸失利益の賠償を求めた）を提起したのが本件である。最
高裁は，人格権としての名誉権は，物権と同様に排他性を有する権利なので
侵害に対する差止めは可能であるとした。

Ⅱ　その他の場合

　名誉毀損の場合を除いては，金銭賠償以外の効果は認められないのだろう
か。具体的には，原状回復と差止めが考えられる。原状回復が過去の損害を
除去し損害のなかった状態に復することであるのに対して，差止めは将来に
向かって損害の原因となる行為を停止させるということである。

　このうち，**原状回復**については，判例も学説も否定的な態度をとっている。
ドイツ法などと異なり金銭賠償主義をとっている結果，そのように解されて
いるわけである。

　差止めについてはどうか。この点については，判例の態度は明らかではな
いが，否定しているものと理解されている。下級審には，公害・生活妨害を
中心に不法行為の効果として差止めを認めるものがあるが，全体としては少
数である。学説に目を転ずると，この問題については，公害・生活妨害をめ
ぐって活発な議論が展開された。差止めを認める見解も有力に主張されては
いるが，不法行為の一般的効果としてこれを認める見解はほとんどない。

　もっとも，被侵害利益が重大なものである場合には，物権的請求権あるい
は人格権を根拠とする差止めは認められるだろう。問題は，物権的請求権・人格
権を根拠とはできない程度の利益の場合である。この場合についても，一定の
要件のもとで場合により差止めを認めようという見解が有力になってきている。

　差止めを認めるとしても，要件のレベルで，損害賠償と差止めとでは，差
を設けるべきではないかということが言われている。差止めを認めるための
要件の方をより厳しくすべきだと言うのである。ほぼ一般的に承認されてい
る考え方であると言えよう。

　　損害賠償と差止めの相違　　国道 43 号線公害訴訟において，判例は，近隣住民の損害賠償請求は認容したが差止めは斥けた原判決を支持している（最判平 7・7・7 民集 49-7-2599［110］〈170〉）。その理由として，損害賠償と差止めとでは，判断につき考慮すべき要素はほぼ共通であるが，各要素の考慮に際してその重要性に対する判断は異なるとしており，この事案につき，原審が，道路の社会的な有用性を重視したのを是認している。

MAIN QUESTION
損害の算定は可能か？

KEY SENTENCES
■損害賠償の範囲を画する基準として判例が用いてきたのは，いわゆる相当因果関係説であり，その実体は，民法416条の類推適用というものである。……しかし，今日では，416条類推適用説は学説の批判にさらされている。

■（代替基準を定立する）二つの見解は，損害の区別をするかどうか，後続侵害の帰責基準を行為から切り離すか，という二点で異なっている。しかし，実際の帰結について見ると，両者の違いはそれほど大きくない。

■損害賠償は金銭の支払によって行うのが原則である。

■損害賠償の範囲については制限を設ける。……しかし，その上で，範囲内に入る損害についてはできるだけ賠償をして，不法行為以前の状態を実現すべきである。

TECHNICAL TERMS
危険性関連説・義務射程説　損害の金銭的評価　制限賠償主義　損害＝金銭説と損害＝事実説　差額説・労働能力喪失説　積極的損害・逸失利益・慰謝料　一括請求・包括請求　中間利息　間接損害　転売利益　損益相殺　（被害者としての）法人　胎児　近親者　相続構成・固有権構成　企業損害　除斥期間　名誉回復処分　謝罪広告　差止め　原状回復

REFERENCES
吉村良一・人身損害賠償の研究（日本評論社，1990）
　表題のテーマに関する代表的な研究。このテーマに関しては，西原道雄教授の先駆的な研究が著名だが，これについても言及されている。より早い時期に公刊された，淡路剛久・不法行為法における権利保障と損害の評価（有斐閣，1984）も参照。なお，最近では，効果論の体系的整序という理論的関心に立脚する長野史寛・不法行為責任内容論序説（有斐閣，2017）も現われている。

第*3*章　調 整 原 理

■UNIT 7　共同不法行為——共同性は希薄化していないか？

■参照条文■　719条

（共同不法行為者の責任）
第719条　①　数人が共同の不法行為によって他人に損害を加えたときは，各自
　が連帯してその損害を賠償する責任を負う。共同行為者のうちいずれの者がその
　損害を加えたかを知ることができないときも，同様とする。
②　行為者を教唆した者及び幇助した者は，共同行為者とみなして，前項の規定を
　適用する。

　　第1章・第2章で，一般不法行為の要件・効果について一通りの説明を終
えたが，調整原理に関する説明がなお残っている。具体的には，加害行為が

複数の者によってなされた場合の処理（共同不法行為を中心とする）と，ある
加害行為以外に原因がある場合の処理（過失相殺を中心とする）について，説
明をする必要がある（図表7-1）。

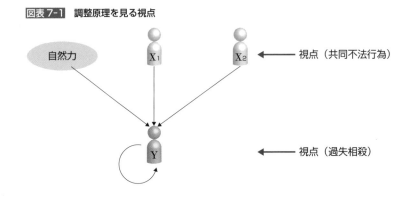

図表 7-1 調整原理を見る視点

第1節　共同不法行為

I　要　　件

1　概　　念

　共同不法行為は不法行為法の中でも難問であるとされている部分だが，そ
の理由は，そもそも共同不法行為とは何かということがはっきりしない点に
ある。そこで，まず，共同不法行為の概念を明らかにすることからはじめる
必要がある。

（1）旧　　説

　民法719条は1項前段で「数人」の「共同の不法行為」について行為者に
対して「連帯責任」を負わせる規定を置いている。そして，1項後段には，
共同行為者中に加害者がいるのは確かだが，誰が加害者か不明の場合につい
て，また，2項には教唆者・幇助者について，それぞれ1項と同じ扱いをす
るとの規定を置いている。1項前段については，旧民法時代の規定では「共

謀」が要件とされていたが，それを外して被害者の保護を厚くするということが立法理由として言われていた。また，1項後段・2項についても同様に，やはり被害者保護が立法理由とされていた。

　以下，1項前段に絞って，以前の通説がとっていた考え方を紹介しよう。かつての通説は，上に述べた立法趣旨を受けて次のように考えた。第一に，各人の行為は関連共同していること（「**関連共同性**」と呼ばれる）が必要だが，「共謀」の要件が削除されたことに鑑みて，共同するという意図さらには共同しているという認識も不要であり，客観的に見て共同していればよい（「**客観的共同**」と呼ばれる）。そして，第二に，共同して不法行為を行った各人はそれぞれに不法行為の要件を満たしていなければならない。ただ，この考え方はそのままの形では維持されず，次第に，個々の加害者と被害者との間の因果関係については，これを緩やかに認める方向への傾斜が見られるようになった。

　判例はどう考えていたかというと，実は，最高裁の立場は必ずしも明らかではない。リーディング・ケースとされる最判昭43・4・23民集22-4-964〈182〉（山王川事件）は，一般論としては以前の通説と同様の説示をしているが，実は，当該事案については，単独の不法行為が成立するという処理を行っている。それゆえ，判旨は傍論にとどまっていることになる。

(2)　新　　説

　1970年代に入ると，以前の通説に対して疑問を投げかける見解が現れた[1]。それによれば，各人の行為についてそれぞれ独立の不法行為の要件を満たすことが必要であるとすると，それぞれについて民法709条の不法行為が成立するのだから，719条を設けた意味がなくなる（連帯責任という効果は残るが，これ自体は，709条によって責任を負う者が複数ある場合にも，損害が一つであることを理由としてこれを認めることが可能なものであるとされた）。

　そこで，新説は，719条の特色を次のように理解する。719条1項前段の

---

1)　平井189頁以下，神田孝夫「共同不法行為」民法講座6，淡路剛久「共同不法行為」石田・西原・高木還暦・損害賠償法の課題と展望（日本評論社，1990）などを参照。

場合には，関連共同性が要求されているので，それによって，各人の行為と
損害の間の事実的因果関係は不要となる，すなわち，共同行為と損害との間
に因果関係があれば足りるというのである。そして，この見解は，各人につ
いて不法行為の要件が充足されるケースは，709条の不法行為の偶然の競合
にすぎず，共同不法行為とは区別されるべきであるとした。

　今日では，この考え方はおおむね承認されており，下級審裁判例にはこれ
を採用するものも現れている。しかし，なお，細部については解決すべき問
題も少なくない[1]。そこで，次に，類型ごとに問題点をあげて検討を加えて
いきたい。なお，次の **2** で示す（1）〜（3）のほかに，従犯型（719条2項）
がありうるが，あまり問題はなく，特に述べることはない。

2　類　型

（1）　行為共同型（719条1項前段）

　関連共同性としてどの程度のものを求めるかについては，先に見たように
争いがある。以前の通説のように客観的共同で足りるとする立場に対して，
民法719条に独自の意義を認めようという立場からは主観的共同が必要では
ないかという主張が対置され，今日では，客観的共同・主観的共同の双方を
考慮する見解と主観的共同のみで決する見解が説かれるようになっている。

　いずれにしても，主観的共同がある場合には，719条1項前段の責任が生
じることに争いはない。大判昭9・10・15民集13-1874〈181〉などのよう
に共謀があったと言えるような場合には，主観的共同を要するという立場か
らしても719条1項前段が適用されることになるだろう。

　問題は，客観的共同しか認められない場合である。主観的共同が認められ
ない場合には，それは一般不法行為の競合にすぎないと解する立場もありえ
ないではないが，そのように徹底すると719条1項前段の適用領域が狭くな
り被害者保護が薄くなることになる。

　そこで，実際には，客観的共同性のあるものの一部については719条1項

---

1)　この考え方が，709条による保護を切りつめる結果になっているという原理的な批
　判もある（窪田427頁以下）。

前段を適用すべきだとの考え方が有力である。そうなると，どのようにして
その一部を切り分けるかが問題になるが，そのための基準は不明瞭なままで
あると言うほかない。たとえば，大阪地判平 3・3・29 判時 1383-22〈183〉
は，「強い関連共同性」＝「連帯して損害賠償義務を負わせるのが妥当であ
ると認められる程度の社会的に見て一体性を有する」ことが必要であり，
「弱い関連共同性」＝「加害行為の一部に参加している」だけでは足りない
という基準を用いているが，これはトートロジーであり判断基準としての実
用性は低い。なお，本判決では，ある時期からは，この強い関連共同性が生
じていたとされているが，同一の工業地帯に属するというだけでは強い関連
共同性はないとされている（図表 7-2）。

図表 7-2　行為共同型の具体例（判例）

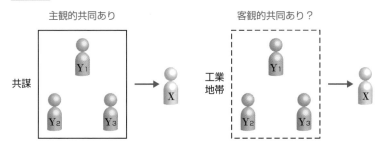

(2)　加害者不明型（719 条 1 項後段）

　民法 719 条 1 項前段が適用されるのにふさわしい程度の関連共同性がなけ
れば，複数の行為者の加害行為はそれぞれにつき 709 条の要件を満たさない
限り，不法行為責任を発生させない。しかし，複数の行為者のうちいずれか
の行為によって損害が発生したことは明らかであるが，いずれの行為が原因
であるかは不明であるという場合（択一的競合関係）には，719 条 1 項後段が
適用され，複数行為者の双方（すべて）につき事実的因果関係の存在が推定
されることになる（図表 7-3〔次頁〕）。以前は，この規定の適用があるために
は「共同行為者」であることが必要であるとされていたが，今日では全く関
連共同性がない場合についても適用が可能であるとする考え方が有力になっ

図表7-3 加害者不明型（択一的競合）

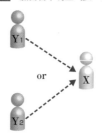

ている。そうだとすると，Y₁・Y₂とXとがケンカをしてY₁・Y₂のどちらかの打撃によりXが死亡したといった（関連共同性がある）ケースだけでなく，道路上に寝ていたXが自動車にひかれて死亡したが，死亡推定時刻に現場を通過した車がY₁車，Y₂車の2台であったという（関連共同性のない）ケースにも適用されることになる。なお，これはあくまでも推定であるから，反証によって覆すことは可能である。

（3） 結果同一＝寄与度不明型（709条・719条1項後段）

　ところで，719条1項前段も後段もそのままでは適用されないような事例は，すべて709条に放逐してよいだろうか。具体的には，複数の行為者がある同一の結果を引き起こしているが，二つの行為が全くの偶然によって競合したわけではなく，そこには何らかの関連共同性（弱い客観的関連共同性）が認められるという場合が問題になる。

　大阪地判平3・3・29は，その後半部分で，実はこの問題を扱っている。この判決は，大気汚染に対する被告企業10社の関与の度合い（「**寄与度**」と呼ばれる）が明らかではない場合には，719条1項後段が適用されるとしているのである。ただし，その前提として，弱い関連共同性を要求している。これは719条1項後段が典型的に想定しているケースからは外れるが，寄与度不明という場合にも，このように同規定を適用（類推適用）することは許されてよいだろう。

　やや煩雑になったのでまとめておこう（図表7-4）。判例・学説には細部に対立があるが，今日では，719条1項前段・後段は複数の行為が関与する場合に因果関係を推定する（＝「擬制」も含む広い意味での推定）規定であるとい

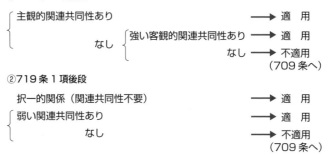

図表 7-4　共同不法行為のまとめ

①719条1項前段

主観的関連共同性あり　　　　　　　　　　　　　→　適　用

なし　　　強い客観的関連共同性あり　→　適　用

なし　→　不適用
（709条へ）

②719条1項後段

択一的関係（関連共同性不要）　　　　　　　　　→　適　用

弱い関連共同性あり　　　　　　　　　　　　　　→　適　用

なし　　　　　　　　　　　　　　　　→　不適用
（709条へ）

う理解が浸透しつつあると言ってよいだろう。すなわち，1項前段は一定の強度の（強い）関連共同性がある場合に，1項後段は択一的関係あるいは弱い関連共同性がある場合に，因果関係の（広い意味での）推定を行う規定であるというわけである。

Ⅱ　効　果

1　連　帯

　民法719条1項前段・後段，そして，同条2項の効果は，「各自が連帯してその損害を賠償する責任を負う」ということである。この「連帯して」の意味について，判例・学説は一致して，これは**不真正連帯債務**を意味すると解している。不真正連帯債務とは，ドイツ法に由来する概念であるが（フランス式に「**全部義務**」と呼ぶ学説もある），真正の連帯債務（新436条〔旧432条〕以下）と異なり，438条・439条1項・440条の規定（絶対的効力事由と呼ばれる）の適用がないものを言う。つまり，一人についてなされた更改（新438条）や相殺（新439条1項），一人について生じた混同（新440条）の効力は，その他の連帯債務者に及ばないことになる（債権法改正においては，連帯債務に関する規定には若干の修正がなされている。⇒本シリーズ担保編）。

　こう解する理由は次の二つだろう。一つは，このように，絶対的効力事由が適用排除されることにより被害者の救済は厚くなるということ，これが実

質的な理由であろう。もう一つは，共同不法行為のうち主観的関連共同性が
ない場合には，債務者相互の関係は希薄であり，絶対的効力事由を適用する
基礎が欠けているということ。これは理論的な理由である。

　さて，各行為者が連帯して債務を負うということで，ある行為者が弁済を
行った後の法律関係はどうなるだろうか。この場合，今日では，**求償**ができ
ると考えることに異論はない。各行為者間では，過失の割合に応じて賠償義
務を負担すべきであり，それを超えて弁済を行った場合にはその分は他に求
償（請求）できるというわけである。ただし，過失の割合といっても厳密に
証明を要するといったものではなく，行為者間でどのように負担を配分する
のが適当かという実質的な判断がなされると言うほかない。

　結局，719条1項前段・後段は，行為者内部での負担の配分については後
で行為者間で決することとして（よくわからない場合も含めて），とりあえず被
害者に対しては連帯で責任を負わせるという制度なのである。

2　免責・減責

　こうして，共同行為者相互の間では，最終的には負担部分に応じて責任を
分担することになるわけだが，ある行為者が負担部分をはっきりと証明でき
るという場合，被害者に対してこのことを主張できるだろうか。

　この点，719条1項前段と後段とでは，扱いが異なってくるというのが近
時の学説の考え方である。前段の場合，負担部分の立証の有無にかかわらず，
被害者に対して，共同行為者は全額につき弁済の義務を負うが，後段の場合
には，自分の行為が原因でないことを立証できれば（負担部分ゼロが立証でき
れば），責任を免れることになる。さらに，弱い関連共同性があり因果関係
の推定を受ける場合についても，負担部分の立証ができれば，この推定は覆
ると解されているので，負担部分に限って賠償をすればよいということにな
る。このように，前段と後段とでは，免責・減責の可能性があるか否かとい
う点で異なっている点に注意してほしい。

　つまり，719条1項前段は共同関連性を要件に因果関係を擬制する規定で
あるのに対して，同項後段は，直接には択一的競合の場合に因果関係を推定
する規定である（ただし，解釈論としては，択一的競合に限らず，より広く推定を

認めるべきである）ということである。

交通事故と医療過誤の競合　最判平 13・3・13 民集 55-2-328［107］〈184〉は，A が B 運転の自動車と衝突した後に C 病院に救急搬送されたが，C の医師が頭蓋骨骨折を発見できず意識のはっきりしていた A を帰宅させたところ，帰宅後に容態が急変し A が死亡したという事案において，C に対する損害賠償請求につき寄与度による減責を行った原判決を破棄した。本件事案では，B・C の行為は時間的に前後しており行為類型も異なるものであるが，本件の交通事故も医療事故も A の死亡という一個の損害をもたらしており共同不法行為にあたるので，全額の賠償がなされなければならず，そうでないと被害者保護を旨とする 719 条の明文に反するとしたのである。

MAIN QUESTION

共同性は希薄化していないか？

KEY SENTENCES

■719条1項前段・後段は複数の行為が関与する場合に因果関係を推定する（＝「擬制」も含む広い意味での推定）規定であるという理解が浸透しつつある。

■719条1項前段・後段は，行為者内部での負担の配分については後で行為者間で決することとして（よくわからない場合も含めて），とりあえず被害者に対しては連帯で責任を負わせるという制度なのである。

■（719条1項の）前段と後段とでは，免責・減責の可能性があるか否かという点で異なっている。……つまり，719条1項前段は共同関連性を要件に因果関係を擬制する規定であるのに対して，同項後段は，直接には択一的競合の場合に因果関係を推定する規定である。

TECHNICAL TERMS

共同不法行為　関連共同性　強い関連共同性・弱い関連共同性　不真正連帯債務　全部義務　求償

REFERENCES

能見善久「共同不法行為責任の基礎的考察(1)〜(8・完)」法協94巻2号，8号，95巻3号，8号，11号，96巻2号，5号，102巻12号（1977-85）

　共同不法行為に関する代表的な基礎研究。この延長線上に書かれた，同「寄与度減責」四宮古稀・民法・信託法理論の展開（弘文堂，1986）も，共同不法行為と過失相殺の接点にある問題を扱うものとして興味深い。

■ UNIT 8　過失相殺——過失相殺は常に必要か？

■参照条文■　722条2項

（損害賠償の方法，中間利息の控除及び過失相殺）
第722条　①　第417条及び第417条の2の規定は，不法行為による損害賠償について準用する。
②　被害者に過失があったときは，裁判所は，これを考慮して，損害賠償の額を定めることができる。

第*2*節　過　失　相　殺

Ⅰ　過失相殺の制度

1　過失相殺の意義

　民法722条2項は，「被害者に過失があったときは，裁判所は，これを考慮して，損害賠償の額を定めることができる」と定めている。このような制度あるいは操作のことを「**過失相殺**」と呼んでいる。ただし，すぐ後に見るように，「過失」と言ってもそれは加害者の過失と全く同じものではない。

また,「相殺」というのも二つの対立する債権が消滅するという意味での相殺ではない（民505条以下）。

　それでは過失相殺とは何か。まず，722条2項が定めるように，それは損害賠償額の決定においてなされる一定の考慮である。その際の考慮の対象は「被害者」の「過失」，そして，考慮の結果は，はっきりと書かれてはいないが，賠償額の減額である。実際には，過失相殺は「被害者の過失は何割」という形で示される。たとえば，損害額が1億円，被害者の過失割合が3割であるとすると，最終的な賠償額は7000万円ということになる。

　このように，過失相殺は，損益相殺と並ぶ賠償額の減額事由である。そして，損益相殺が限られた局面でしか使えないのに対して，かなり広く用いることができる減額事由である[1]。それゆえ，その実際上の重要性は極めて大きい。あるデータによると，709条事件では約4分の1，自賠法3条事件では約40%で過失相殺が問題とされているという[2]。

　　交通事故と過失相殺　　交通事故においては，当事者の一方が全面的に悪いというケースは少なく，双方に多少とも落ち度があることが多い。そこで，交通事故訴訟では過失相殺が問題となることが多くなる。もっとも，ある時期から，事故のパターンごとに過失割合が定型化されてきているので（次頁にその一部を掲げたような詳細な図表が作成されている），この点に関する限り，訴訟で争うまでもない場合が多い。

　　交通事故訴訟をめぐる最近の問題——主体による区別・その3　　日本法の下では，少なくとも従来は，交通事故につき過失相殺を行うことに大きな異論はなかった。しかしながら，被害者救済の観点から導入されている特別法（自賠法）が適用される事件において過失相殺を行ってよいのか，という問題は改めて考えてみるに値するであろう[3]。

---

1)　内田413頁は，賠償額の減額を支配する原理を「帰責性の原理」と呼び，その一つの表現である過失相殺の法理が援用されるとしている。
2)　窪田・後掲書（**REFERENCES**）131-132頁。
3)　この点につき，張韻琪「過失相殺の原理と構造に関する学説史的考察——現代的課題への対応のために」法協134巻11号（2017）を参照。

第1表　横断歩行者の事故

(1)　横断歩道上❶

1　直進車と歩行者

歩行者信号変更なし

基本		(車)	赤			黄	青
		(歩)	青0	黄10①	赤20②	赤50③	赤70④
加算要素	夜　　　間		*	*	*	+5	+5
	幹　線　道　路		*	*	+5	+5	*
	直前直後横断佇立・後退		*	*	+5	+5	*
減算要素	住　宅・商　店　街		*	*	-10	-10	-10
	児　童・老　人		*	-5	-5	-10	-10
	幼児・法71Ⅱ該当者		*	-5	-5	-20	-20
	集　団　横　断		*	-5	-5	-10	-10
	(歩)の著しい過失		*	-5	-10	-10	-20
	(歩)の重過失		*	-10	-20	-20	-30
	歩車道の区別なし		*	*	-5	-10	-10

❶ 「横断歩道上」とは，横断歩道及び横断歩道に接する車道部分（幅員の狭い横断歩道であれば，おおむね1～2m以内）である。
① (歩)黄（歩行者専用信号機の青点滅を含む）で横断開始・(車)赤で進入
② (歩)赤で横断開始・(車)赤で進入
③ (歩)赤で横断開始・(車)黄で進入
④ (歩)赤で横断開始・(車)青で進入　(車)に安全運転義務違反のあることを前提とする。

歩行者信号変更あり①②
（安全地帯がない場合）

基本		(車)	赤		青	
		(歩)	青→黄→赤 0③	赤→青 10④	青→黄→赤 10⑤	黄→赤 20⑥
加算要素	夜　　　間		*	+5	+5	+5
	幹　線　道　路		*	+5	+5	+5
	直前直後横断佇立・後退		*	+5	+5	+5
減算要素	住　宅・商　店　街		*	-5	-5	-5
	児　童・老　人		*	-5	-5	-10
	幼児・法71Ⅱ該当者		*	-10	-10	-20
	集　団　横　断		*	-5	-5	-10
	(歩)の著しい過失		*	-10	-10	-10
	(歩)の重過失		*	-20	-20	-20
	歩車道の区別なし		*	-5	-5	-5

① 「安全地帯」の意義については〔3〕図注①参照
② 本類型は，横断歩道の横断を開始してから歩行者信号の色が変わり，道路の中央付近で自動車と衝突した場合を想定している。横断歩道を渡りきる直前に色が変わった場合は〔1〕図による。
③ (歩)青で横断開始したが，途中で黄信号に，さらに赤信号に変わった場合で，(車)赤で進入
④ (歩)赤で横断開始したが，途中で青信号に変わった場合で，(車)赤で進入
⑤ (歩)青で横断開始したが，途中で黄信号に変わり，さらに赤信号に変わった場合で，(車)青で進入
⑥ (歩)黄（歩行者専用信号機の青点滅を含む）で横断開始したが，道路の中央付近で赤信号に変わった場合で，(車)青で進入

歩行者信号変更あり①
（安全地帯がある場合）

基本		(車)	青	
		(歩)	青→黄→赤 30②	黄→赤 40③
加算要素	夜　　　間		+5	+5
	幹　線　道　路		*	*
	直前直後横断佇立・後退		+5	+5
減算要素	住　宅・商　店　街		-10	-10
	児　童・老　人		-10	-10
	幼児・法71Ⅱ該当者		-20	-20
	集　団　横　断		-10	-10
	(歩)の著しい過失		-10	-10
	(歩)の重過失		-20	-20

① 安全地帯とは，「路面電車に乗降する者若しくは横断している歩行者の安全を図るために設けられた島状の施設又は道路標識及び道路標示により安全地帯であることが示されている道路の部分」である（道交法2条1項6号）。本類型が通常の横断歩道より歩行者の過失を大きく見るのは，事故回避のために歩行者が安全地帯にとどまる義務を捉えてであるから，安全地帯であっても幅が小さいもの（1m程度）については，通常の横断歩道上の事故とすべき場合がありうる。
② 安全地帯が設けられている道路において，(車)青で交差点に進入し，(歩)青で横断開始後，安全地帯の手前又は直後で黄（歩行者専用信号機の青点滅を含む）→赤となり，安全地帯の先で衝突した場合である。
③ 安全地帯が設けられている道路において，(車)青で交差点に進入し，(歩)黄で横断開始後，安全地帯の手前又は直後で赤となり，安全地帯の先で衝突した場合である。

日弁連交通事故相談センター東京支部『民事交通事故訴訟損害賠償額算定基準(上) 2015』264頁より

なお，交通事故訴訟の件数は近年再び増加の傾向にある。その理由の一つとして，弁護士費用が保険でカバーされるようになったことが指摘されている。このような制度変化によって被害者の行動に変化が生じているのはなぜか（従来の賠償額定額化のどこに問題があるのか）もまた，検討すべき問題であろう。

過失相殺の理論上の位置づけ[1]　この問題については，いくつかの考え方がある。まず最も素朴な考え方として過失相殺は「公平」を理由とする制度であるとする見解があるが，これは間違ってはいないとしても，あまり意味のある見解とは言えない。その他の見解は大きく三つに分かれるようである。①過失相殺を因果関係の問題としてとらえる見方。加害者が賠償すべきは自己の行為と因果関係に立つ損害であると考えるならば，被害者の行為による部分については責任を負わないのが当然であるというわけである。②損害の金銭的評価の問題とする見方。これは，過失相殺が評価的・裁量的な側面を含まざるをえないものであることを強調するものである。③加害者が被害者に負担分配を求めるためのものであるという見方。

①はいかにも客観的な印象を与えるが，実際の過失相殺には様々な評価が入っていることを指摘するのが②である。確かにその指摘には当たっているところもあるが，さりとて，金銭的評価の手段であるというだけではあまり説明をしたことにならないとも言える。そこで，③が現れるわけだが，これはある意味では条文そのものであり，過失相殺は特殊な制度であると言っているにすぎないとも言える。もっともここでの「特殊さ」の指摘は，因果関係にも金銭的評価にも還元できない，還元すべきではないという判断を経た上での指摘であるという点を重視するならば，この考え方は平凡なようでも意味があると言えるかもしれない。

結局のところ，どの見解がよいとも言いがたいのであるが，因果関係の問題，金銭的評価の問題のどちらかに割り切って還元する立場はとりにくいように思われる。そうだとすると，すっきりはしないが，負担分配のための特殊な制度という説明をとっておくほかないだろう。

共同不法行為と過失相殺　共同不法行為において過失相殺を行う場合には，どのように行うべきか。この問題につき判例は，原因となったすべての者の中

---

1)　窪田390頁以下。

での被害者の過失割合による（絶対的過失相殺）としている（最判平 15・7・11 民集 57-7-815〈185〉。原審の賠償額計算には誤りがあると思われる）。これとは異なり，各加害者との関係での被害者の過失割合による（相対的過失相殺）という考え方などもある。たとえば，損害が 300 万円，被害者 X と加害者 Y・Z の過失割合が 1：2：3 とすると，二つの考え方の帰結は次のようになる。

絶対的過失相殺

X→Y・Z　　300×5/6 ＝ 250

相対的過失相殺

X→Y　　300×2/3 ＝ 200

X→Z　　300×3/4 ＝ 225

2　過失相殺の要件

(1)　「過　失」

過失相殺についてどのような見方をとるにせよ，過失相殺において問題とされる被害者の「過失」は，加害者の過失と同じものではない。そのことが端的に現れるのは次の点においてである。すなわち，過失相殺を行うためには，被害者が責任能力を有することは必要でないとされているのである。この点に関する判例の態度を示すものとして，最大判昭 39・6・24 民集 18-5-854［105］〈154〉を見てみよう。この事件で，最高裁は，過失相殺の問題は不法行為者に積極的に責任を負わせる問題とは異なるとして，未成年者に，責任能力がなくとも事理弁識能力が備わっていれば足りるとしている。この判決によって，責任能力を要するとしていた最判昭 31・7・20 民集 10-8-1079 は変更された。なお，このケースでは被害者は当時 8 歳だったが，この程度で事理弁識能力はあるとされることが多い（下級審では 6 歳くらいになれば足りるとするものが多い）。

学説に目を転じると，事理弁識能力すら必要ないとする見解も有力に主張されている。その理由としては，第一に，過失相殺が賠償額算定のための手段ならば事理弁識能力は必要でない，第二に，事理弁識能力のない幼児の行為についても結局は監督義務者の義務違反を問題にすることになる場合が多いが（この点についてはすぐ後にふれる），それよりも端的に幼児本人につき過失相殺を問題にした方がよい，といったことがあげられている。以上の判例・学説を受けて，近時の学説には，事理弁識能力で足りるとしつつも，そ

れすら不要の場合を例外的に認めるものも現れている。

いずれにせよ，過失相殺における被害者の「過失」は，不法行為者の「過失」と同じではないということに注意してほしい。

(2) 「被害者」

「被害者」もまた，文字通りに「被害者」を指すものとは解されていない。リーディング・ケースとされる最判昭42・6・27民集21-6-1507〈156〉は，被害者の過失とは広く被害者側の過失を意味すると判示した上で，被害者側の過失とは「被害者と身分上ないしは生活関係上一体をなすとみられるような関係にある者の過失」をいうとした。具体的には，親子・夫婦関係にある者や家事使用人などの被用者がこれにあたると解されている。ただし，このように解すべき理由としては「公平の理念」をあげるだけだった。なお，このケース自体は，ダンプカーによる幼児の交通事故死につき保育士の過失を被害者側の過失として考慮できるかどうかが争われたものであったが，先のように被害者側の過失を広く解しても，本件の場合にはこれにあたらないというのが結論であった。

この問題については，続いて，最判昭51・3・25民集30-2-160〈157〉が現れた。この判決は，「公平の理念」をより具体化している。事案はやはり交通事故であったが，夫の自動車に同乗中に衝突事故にあった妻の損害賠償請求において夫の過失が考慮されている。その理由として最高裁は次のように述べた。「このように解するときは，加害者が，いったん被害者である妻に対して全損害を賠償した後，夫にその過失に応じた負担部分を求償するという求償関係をも一挙に解決し，紛争を一回で処理することができるという合理性もある」。

しかし，以上のような判例の理由づけは必ずしも学説の支持を得ていない。代わりに提案されている理由づけを紹介したいが，それは問題を三つの類型に分けて考えるものである[1]（図表8-1）。

---

1) 平井154-156頁。

UNIT

8

過
失
相
殺

図表 8-1　被害者側の過失

	類型①	類型②	類型③
X₁＝被害者本人	幼　児	使用者	妻
X₂＝被害者側の者	親権者等	被用者	夫

　第一に，幼児の過失の事例については，事理弁識能力を要求せずに過失相
殺を行うべきであるとされている。親権者等が固有の損害の賠償を求める場
合には親権者等の過失が問題とされるのに対して，幼児の相続人として賠償
を求める場合には幼児自身の過失が考慮されないので親権者等の過失を被害
者側の過失として考慮する。こういう経緯によって「被害者側の過失」の概
念が生まれたものと思われるが，端的に，事理弁識能力を不要とすればそれ
で問題は処理できるというのである。

　第二に，被用者の過失の事例についてであるが，この場合，使用者は被用
者の行為につき責任を負う（使用者責任）立場にあるので，被用者の過失＝
使用者の過失と考えてもおかしくない。

　第三に，自動車事故における同乗者の賠償請求において運転者の過失相殺
を要求するという事例があるが，この事例においては過失相殺を認めるべき
ではない。先の最判昭 51・3・25 のケースでは，夫と加害者の競合的不法行
為になると解すべきだというのである。このような請求をしてみても，夫と
妻とでは財布は一つなのであまり意味がないという理解が判例の背後にはあ
るようだが，この想定には根拠がないというのである（加害者は夫に求償すべ
きであり，妻に対する賠償額が過失相殺によって減額されるべきではない）。

　以上のように，新しい学説によると，被害者側の過失といった漠然とした
包括的概念を立てる必要はないということになる。

Ⅱ 過失相殺の類推

すでに見たところからもわかるように，過失相殺はかなり拡張的に適用される傾向にある。近時では，さらに進んで，本来の過失相殺からは外れるような事例において，過失相殺類似の考え方がとられるようになっている。以下では，この問題について，まず具体例をあげて紹介をし，その上でその是非についてコメントすることにしたい。

1 具 体 例

（1） 素 因

まず，注目を集めたのが，被害者の素因をどう考慮するかという問題である。ここでいう「**素因**」とは，被害者の特異な性格や体質のことである。たとえば，頭蓋骨が異常にもろい人がいるそうだが，Xがそのような人であったとする。そのXに交差点を渡ろうとして急いでいたYがぶつかり，Xは転倒したとする。転倒による打撃は普通の人ならば，こぶができるぐらいのものであった。しかし，Xの頭蓋骨が異常にもろかったために，Xは死亡してしまった。こういった場合に，Yは死亡という損害についてまで全額賠償をする必要があるかというのがここでの問題（被害者の素因という問題）である（**図表8-2**）。

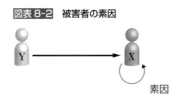

図表 8-2 被害者の素因

素因

この問題については，以前から下級審判決はあったが，その後いくつかの最高裁判決が現れている。最初に現れたのが最判昭63・4・21民集42-4-243〈158〉であるが，これは，心因的な素因に関するものであった。交通事故の被害者が特異な性格の持主であり，それがゆえに回復が非常に遅くなり

症状も悪化してしまった。最高裁は，加害行為と損害との間に相当因果関係はあるが，当該損害が加害行為によってのみ通常発生する程度・範囲を超えており，かつ，そのような損害拡大に被害者の心因的要因が寄与している場合には，民法 722 条 2 項を類推適用することができると解した。

　続いて，最判平 4・6・25 民集 46-4-400 が現れた。これも交通事故のケースであったが，被害者の死亡には，交通事故とそれ以前の一酸化炭素中毒（事故とは無関係）とが競合しているという事情が存在した。最高裁は，このケースでも 722 条 2 項の類推適用を認めた。

　この二つの判決の登場によって，判例においては，心因的なものであれ体質的なものであれ，素因が競合している場合にはこれを考慮して賠償額を減額できるという立場が確立されたかに見えた。しかし，その後，最判平 8・10・29 民集 50-9-2474 ［106］〈159〉が現れ，被害者が「平均的な体格ないし通常の体質」とは異なる身体的特徴を有していても，それが疾患にあたらない限りは，賠償額を定めるにあたって，このことを考慮することはできないと判示し，さらに，最判平 12・3・24 民集 54-3-1155 も，いわゆる過労死に被害者のうつ病親和的な性格が影響しているという事案につき，「同種の業務に従事する労働者の個性の多様さ」として通常想定される範囲を外れない限り，このような性格を考慮に入れることはできないとして，心因的要因についても慎重な姿勢を示した。

（2）自 然 力

　自然力の競合については最高裁判決は見あたらない。しかし，下級審には，自然力をしんしゃくして賠償額を減額したものが知られている。国道の設置保存の瑕疵，旅行主催者の過失に，豪雨による土石流という自然力が競合して生じた飛騨川バス転落事件（乗員・乗客 107 名中 104 名が死亡）について，名古屋地判昭 48・3・30 判時 700-3 は，自然力の寄与を 4 割と見て，この分だけ賠償額を減額した。ただし，この判決は控訴審で覆り，全額の賠償が認められることになった（名古屋高判昭 49・11・20 高民集 27-6-395）。

（3）そ の 他

　最後に，**好意同乗**と呼ばれるケース（無償で知人に車に乗せてもらったという場合）につき，過失相殺の規定を用いて，事故によって同乗者が被った損害

につき運転者が支払うべき賠償額の減額を認めた裁判例がいくつかある。まず，同乗者に危険を増大させるような行為があった場合（たとえば，酔った同乗者が運転を妨げたというような場合）には，過失相殺を認めた裁判例がある（先ほどの夫婦の例とは異なる）。さらに，このような特殊な事情がなくとも減額を認めた裁判例もある（たとえば，運転者が酔っていることを知りつつ乗った場合，また，あまりよく知らない人物の運転する車に乗った場合など）。

2 評　価

　以上のように，判例は（特に下級審まで含めて見ると），過失相殺の規定の類推をかなり広範囲に行っていると言うことができる。被害者側の諸事情を考慮に入れて減額を行うためには，民法722条2項しか手がかりがないことは確かである。それゆえ，減額を行うというのであれば，過失相殺の類推という方法がクローズアップされることにならざるをえない。

　しかし，このようにして広く被害者側の事情を考慮して賠償額を減額するということが妥当かどうかについては，学説に異論も強い。以下，先にあげた三つの例のそれぞれについて学説の対応を見てみよう。

◆ 被害者の素因

　当初の最高裁の態度には学説の批判が強かった。被害者の素因を考慮に入れずに全額賠償を認めるべきであるという有力な主張が展開されていた。確かに，加害者の側からすると，たまたま被害者がある素因を持っていたというだけで，同等の事故の加害者以上に賠償をさせられるのはおかしいと言えるだろう。しかし，被害者に目を転ずるならば，死亡という損害が発生した以上は，同じように賠償を得させることが公平にかなうと言うこともできる。また，素因を考慮して減額するとなると，素因を有する人の活動の自由を大きく制約することにもなる。最判平8・10・29は，このような批判を受け入れて，何が考慮されるべき「素因」にあたるかにつき，線引きを行ったものとして理解できる。

　もっとも，それまでの判例の結論がすべておかしいというわけではない。特に，最判昭63・4・21の場合には，被害者に損害拡大防止義務違反があるとして，本来の過失相殺を認めることも可能だったと言われている。また，同じく最判昭63・4・21については，弱い共同関連性のある不法行為の場合

のように**寄与度減責**を認めることによって処理できるとする見解もある[1]。さらに，最判平4・6・25についても，割合的認定・確率的心証によって処理できるとの見解がある。

◆　**自然力の競合**　これについても不法行為が成立する以上は，自然力の競合を理由に加害者を免責することには批判が強い。免責を認めるとなると，被害者の得られる賠償額が減少するということも実質的な理由としてあるであろう（自然力は賠償責任を負わないから）。ただ，寄与度減責の立場からは，やはり減額が認められることになるだろう。

◆　**好 意 同 乗**　同乗者自身が危険を増大させた場合に過失相殺されることには，結論としては異論はなかろうが，問題はそれ以外の場合である。学説の中には，危険を知りつつ同乗した場合には「危険の引受け」の法理で処理すべきだとするものがある。ただし，適用条文はこの場合にも722条2項とするほかない。これはこれで仕方ないとして，よく知らない人の車に乗ったというケースについて減額を認めるのは問題であろう。実際の例としては，知り合って1週間の男性の車に乗って深夜のドライブをして事故にあったというケースで，社会一般の若い女性としての羞恥心と節度を逸脱したという点に，危険の素因，倫理的素因が認められるとして3割の過失相殺をしたものがある（東京地判昭44・9・17判時574-53）。これは「素因」の濫用というほかない判決であるように思われる（昼間に新入社員が上司の車に同乗させてもらうのならばよいのか。なお，最判昭56・2・17判時996-65も参照。また，その後の最判平9・9・9判時1618-63は，恋愛関係にあってもそれだけでは過失相殺されないとしている）。

第1章〜第3章のまとめに代えて

　これまでに見てきたように，また，繰り返し指摘したように，不法行為法は，1960〜70年代以降，大きくその姿を変えている。その社会的な原因は様々な事故の発生にあったわけだが，変化する不法行為法をとらえる不法行

---

1)　能見善久「共同不法行為責任の基礎的考察(1)〜(8・完)」法協94巻2号，8号，95巻3号，8号，11号，96巻2号，5号，102巻12号（1977-85）参照。

為理論は，当時の中堅世代（現在の大家たち）によって担われてきた。過失論・因果関係論・損害論のそれぞれについて理論的革新がはかられたが，とりわけ平井宜雄は，これらを結びつけた理論を展開することによって，他の学説に大きな影響を与えた[1]。

すなわち，平井の不法行為理論は，「相当因果関係説」を批判し，事実的因果関係＋保護範囲＋損害の金銭的評価という3層の判断枠組みを提示し，そのそれぞれの層につき，事実的因果関係の確定が重要な問題として存在すること，保護範囲は過失との関連で定まること，損害の金銭的評価は裁判官の裁量に属することを主張した。この三つは別個独立に萌芽的な形では主張されていたが，平井理論はいわば個別のトレンドをまとめうる包括的な理論として主張されたため，大きな影響力を持ったのである。本書の説明も，この平井理論の強い影響のもとにある[2]。

「理論」の効用と限界　平井理論の功績は高く評価されるべきだが，同時に，この理論は，三つの層をあまりにもクリアに区別しようとしすぎた面もある。このことは，とりわけ，原因競合による不法行為の処理を考えてみると，明らかになる。平井理論はこの問題を，事実的因果関係，保護範囲，損害の金銭的評価の3カ所でとりあげるのだが，それぞれにおける議論の関係は必ずしもすっきりとはしていない。

X_1の行為に加えて，X_2あるいはYの行為が競合してYに損害が発生している場合を考えてみよう。この場合，まず，X_1の行為とYの損害の間に，事実的因果関係がなければX_1に賠償責任を負わせることはできない。しかし，ここでは「あれなければこれなし」のルールを適用できないこともあり，X_1にYの損害を賠償させるのが妥当と考えられるかどうかという規範的な判断が入らざるをえない。事実的因果関係があるとされると，次に，Yの損害は保護範囲に入らなければ損害賠償の対象とならないとされ，ここでは，X_1の行為の義務射程がYの損害に及ぶかどうかが問題とされる。しかし，保護範囲に入ることになっても，X_2やYの行為の関与は賠償額の算定（損害の金銭的評価）においても

1)　鈴木30頁以下。北川275頁などに見られるように，平井説は年長の世代にも浸透しつつある。
2)　平井理論に対する評価として，前田75-76頁。

考慮される。X_2 や Y の責任に属することが明らかな部分については，減額が可能だからである。

　確かに，一般論としては，三つの判断は別々の操作であるとも言える。しかし，実際の判断は常に3段階に分けて行われているのだろうか。たとえば，X_1 と X_2 とがともに有害物質を排出し，それが原因で Y が病気になったとしよう。このとき，裁判官が賠償の可否と金額を決めるプロセスは，どのようなものだろうか。そこでは，損害に対して，X_1 はどの程度まで責任を負っているのかというトータルな判断がなされているのではあるまいか。損害の3割を X_1 に賠償させるという判断は，それとして直ちに導かれるのであり，事実的因果関係はないわけではなく，保護範囲にも入らないわけではないが，他の行為の寄与が7割に達するという具合に，段階的に導かれるわけではないようにも思われる。

　同様のことは，不作為による不法行為[1] についても言える。あるいは，こちらの方がわかりやすいかもしれない。X が何もしなかったために，Y に損害が発生した場合を考えてみよう。たとえば，X が Y の子 A を監視していなかったので，A は溺れ死んで Y に損害が発生したとする。このとき，X に責任を認めるか否かは X にどのような義務を課すかということにほかならない。A が死んだのは X が助けなかったからだ（X が助けていれば A は死ななかった）。そうには違いないが，X ではなく別の誰か（Z）が助けていても A は死ななかった。しかし，このとき，Z は A を助ける義務を負っていないがゆえに，責任を負わない（トートロジーだが）。X こそが助けるべきだったので，X に責任が帰属させられるのである。もし，Y にも，あるいは，Z にすら，義務ありとすれば，X の責任は一定程度に縮減されることになる。いずれの場合にも，事実的因果関係＋保護範囲＋損害の金銭的評価というのとは異なる操作がなされているのではないか。

　そうだとすると，どういうことになるのか。もっと一般的なケースに戻ろう。ある結果（損害）の原因は様々である。Y が交通事故で死んだのは，X がスピードを出しすぎていたからだとされる。それはそうかもしれないが，Y がその道を通らなければ事故にはあわなかったのだから，Y の行為が原因であるとも言える。あるいは，事故のあった交差点の前の交差点で，警官 Z がスピード違反で X を摘発していても，やはりこの事故はなかったとすると，Z の行為にも原因はある。しかし，われわれはこの事故の原因を X に帰着させる。Y に道を

---

1)　不作為による不法行為につき，橋本佳幸・責任法の多元的構造――不作為不法行為・危険責任をめぐって（有斐閣，2006）を参照。

歩くなという義務を課すのは適切でないし，Zにすべての交通違反を摘発せよという義務を課すのも適切ではないと考えるからである。つまり，ごく普通の不法行為においても，責任の有無の判断は本当はトータルな法的判断であるとも言えるのである。

　それでも，ある場合には，事実的因果関係の有無に焦点をあてて責任の有無を判断することができることを，また，別の場合には，損害額の算定という形で責任を分配するのがよいことを，われわれは知っている。そのような，限定された，しかし，かなり多くの場合に有益な知恵として，事実的因果関係＋保護範囲＋損害の金銭的評価という図式は，受け止められるべきだろう（さらに言えば，過失＋因果関係＋損害も同様。これがいっぺんに決まることもある）。

　重ねて言うが，すべての問題を解決できるわけではない判断枠組み（理論）は価値を持たないというわけでは，全くない。どのような射程であれ，役に立つ枠組みはそのようなものとして使えばよいし，使うべきだろう。しかし，それが万能だと思い込んだために，無理な使い方をして混乱に陥ることは，避けなければならない（平井理論は，民法上の理論としては広い射程を持つが，当然ながら万能なわけではない）。

UNIT

8

過
失
相
殺

MAIN QUESTION

過失相殺は常に必要か？

KEY SENTENCES

■過失相殺を行うためには，被害者が責任能力を有することは必要でないとされている。

■被害者側の過失とは「被害者と身分上ないしは生活関係上一体をなすとみられるような関係にある者の過失」をいう。

■判例は（特に下級審まで含めて見ると），過失相殺の規定の類推をかなり広範囲に行っていると言うことができる。

TECHNICAL TERMS

過失相殺　素因　好意同乗　寄与度減責

REFERENCES

窪田充見・過失相殺の法理（有斐閣，1994）

　素因をはじめとする原因競合を視野に入れて，過失相殺にかかわる現代的な問題を扱った研究を集めた論文集。より古典的なアプローチに重点を置いた基礎研究として，橋本佳幸「過失相殺法理の構造と射程(1)〜(5・完)」法学論叢137巻2号，4号〜6号，139巻3号（1995-96）も参照。

第*4*章　特殊な不法行為

■ UNIT 9　使用者責任・工作物責任など
——どこが特殊な責任なのか？

■参照条文■ 民法714条～716条，717条，718条，自賠法3条，失火責任法，国賠法2条，製造物責任法

＊もうひとつⅡ-4

（使用者等の責任）

第715条 ① ある事業のために他人を使用する者は，被用者がその事業の執行について第三者に加えた損害を賠償する責任を負う。ただし，使用者が被用者の選任及びその事業の監督について相当の注意をしたとき，又は相当の注意をしても損害が生ずべきであったときは，この限りでない。

② 使用者に代わって事業を監督する者も，前項の責任を負う。

③ 前二項の規定は，使用者又は監督者から被用者に対する求償権の行使を妨げない。

（土地の工作物等の占有者及び所有者の責任）

第717条 ① 土地の工作物の設置又は保存に瑕疵があることによって他人に損害を生じたときは，その工作物の占有者は，被害者に対してその損害を賠償する責任を負う。ただし，占有者が損害の発生を防止するのに必要な注意をしたときは，所有者がその損害を賠償しなければならない。

② 前項の規定は，竹木の栽植又は支持に瑕疵がある場合について準用する。

③ 前二項の場合において，損害の原因について他にその責任を負う者があるときは，占有者又は所有者は，その者に対して求償権を行使することができる。

　第1章～第3章では，一般の不法行為について説明をした。これは，自分自身の行為についての責任に関するものであった。第4章では，特殊な不法行為について説明するが，これは，自分自身の行為に関する責任でなく，他人の行為に関する責任，物に関する責任ということになる。そのうち，第1節では第一のもの，すなわち，人に関する責任をとりあげる。その中心は使用者責任（民715条）であるが（Ⅰ），民法典に規定のあるその他の責任，特別法に規定のある責任で関連のあるものもとりあげる（Ⅱ）。

第*1*節　人に関する責任

Ⅰ　使用者責任[1]

　他人の行為に関する責任の中心をなすのは**使用者責任**であるが，まず，要件効果を概観し，その上で，関連問題について若干の検討を加えよう。

◪　中 心 問 題
（1）要　　件

　民法 715 条 1 項本文は，「ある事業のために他人を使用する者（＝使用者）」は，「被用者がその事業の執行について第三者に加えた損害を賠償する責任を負う」と定めている。このような使用者の責任を使用者責任と呼んでいる。事業活動を営む者は，その被用者が当該事業活動に関して生じさせた損害を賠償する責任を負うというものである。そのように言うと「それはそうだ」と思うかもしれないが，もう少し立ち入って考える必要がある。

　民法典の起草者は，使用者の選任監督上の過失（民 715 条 1 項ただし書参照）を責任の根拠としており，使用者責任は自己の行為に関する責任の一形態としてとらえられていたと言える。しかし，その後の学説には，この責任は，他人（＝被用者）の行為に対する責任（**代位責任**）であると解するものが多くなった[2]。そして，そのような代位責任が課される理由として，利益のあるところに負担も帰属すべきだという「**報償責任**」の考え方や危険な事業活動を行う者はそれに伴う責任を負うべきだとする「**危険責任**」の考え方が説かれている。そう考えるとすると，制度の本来の趣旨からはやや離れた解釈が必要となるが，すぐ後で述べるように，その一部は判例によって実現されているものの，一部は必ずしも実現されていない。結局，条文・学説・判例の

---

1)　田上富信「使用者責任」民法講座 6，大塚直「民法 715 条・717 条（使用者責任・工作物責任）」民法典の百年Ⅲ。
2)　使用者責任の法的性質を整理するものとして，吉村 205-207 頁。

間には若干のギャップが存在するのが使用者責任の現在の姿である。

　以上のような緊張関係を念頭に置きつつ，具体的な要件を見ていこう。要件は四つに分けられる。すなわち，①使用者と被用者との間の使用関係の存在，②被用者の行為が「事業の執行について」なされたこと（＝**事業執行性**），③被用者が不法行為を行ったこと，④使用者に選任監督上の過失がなかった（民715条1項ただし書）とは言えないことの4点である。順に見ていこう。

◆　**使用関係**　　ここで言う「使用関係」は，実質的な指揮監督の関係であるとされている。判例・学説はほぼ一致してこのことを認める。「実質的な」ということで事実上の指揮監督関係があればよく，雇用契約の存在は必須の要件ではない。また，契約が無効でもよい。しかし，「指揮監督」が必要なので，顧客と弁護士・医師などの関係のように独立性の高い場合にはこれにあたらない。これらの例は委任の例であるが，請負の場合についても同様であり，そのことを確認するのが民法716条である。この規定は，715条が適用されないということを言う点に意味がある。

> **暴力団組織の場合**　　判例は，元請人が下請人と同様に指揮監督していた下請人の被用者につき元請人の責任を認めていたが（最判昭45・2・12判時591-61），階層組織をなす暴力団の最上位の組長は，その指揮下で同暴力団の威力を利用してなされる資金獲得活動に従事していた下部組織の被用者の行為（殺傷行為）につき使用者責任を負うとした（最判平16・11・12民集58-8-2078）。

◆　**事業執行性**　　これは715条1項の要件の中核をなす部分である。「事業の執行について」という表現は「業務の執行のため」よりは広く「業務の執行に際して」よりは狭いと言われるが，そのように言ってもなおその内容は明瞭とは言えず，判例・学説の議論の対象となってきた。

　当初，判例は，この問題について，「事業の範囲に属する行為又はこれと関連して一体を為し不可分の関係にある行為」でなければならないと解していた（一体不可分説と呼ばれる）。しかし，これでは狭すぎるということで，

この立場はすでに戦前に克服されていた（大連判大 15・10・13 民集 5-785〈175〉。権限濫用行為もまた事業執行性を持ちうるとした）。そして，第 2 次大戦後になると，**外形理論**という考え方が採用されるようになる。たとえば，最判昭 40・11・30 民集 19-8-2049 が，「被用者の職務執行行為そのものには属しないが，その行為の外形から観察して，あたかも被用者の職務の範囲内の行為に属するものとみられる場合」がこれにあたるという立場を打ち出した。これが「外形理論」と呼ばれる考え方である。最判昭 42・11・2 民集 21-9-2278 [94]〈176〉もこれを踏襲しているが，この事件は，この理論を前提としつつ，被用者の行為が職務権限内の行為でないことにつき悪意または重過失により知らなかった者は保護の対象とならないとしたものであった。

このような考え方は，確かに，大連判大 15・10・13 や最判昭 42・11・2 のように被用者の職務権限が問題となる場合（「**取引的不法行為**」と呼ばれる場合）に相手方を保護する基準としては適当であると言える。しかし，この基準は事実行為による不法行為については必ずしもあてはまらないという批判を浴びた。判例に現れている事実行為のケースとして多いのは，自動車事故と暴行であるが，その取扱いを順に見ていきながら考えてみよう。

まず，自動車事故についてであるが，判例はここでも外形理論を用いている（最判昭 39・2・4 民集 18-2-252〈173〉）。しかし，これに対しては，自動車事故の場合には相手方の信頼は問題にならないという批判がなされた。そしてこれに代えて，加害行為が使用者の支配領域内で生じたものであるかどうかで判断すべきだとする基準が提案された。会社の事業用の自動車で事故を起こした場合には，この自動車（＝危険）の管理は会社の支配領域に属するから使用者責任が認められるというわけである。

だが，この基準も，次の暴行のケースにはうまくあてはまらない。最判昭 44・11・18 民集 23-11-2079〈174〉は，同じ水道工事に従事していた土木作業員 X に配管工 Y_2 が暴行を加えたという事例であるが，Y_2 の主体的な行為を，使用者 Y_1 の支配領域に属する危険であるとは言いにくい。判例もこのケースでは，別の基準を用いている。それは，事業の執行行為との密接関連性を有するかどうかという基準である。なお，この判決では，外形理論への言及は見られない。

図表9-1 使用者責任における事業執行性の要件

事業執行性＝外形理論 $\left\{\begin{array}{l}\text{取引的不法行為：そのまま妥当する}\\\text{事実的不法行為（事故）：支配領域性}\\\text{事実的不法行為（暴行）：密接関連性}\end{array}\right.$

　以上のように，もはや外形理論はすべてのケースに貫徹していないのであるが，全面的に廃棄されたわけでもない。事業執行性の要件については，問題に応じて複数の基準が併用されているのが，現在の判例の姿であると言うほかない[1]（図表9-1）。

◆　**被用者の不法行為**　規定上は必ずしもはっきりとはしないが，被用者の第三者に対する加害行為は，それ自体不法行為となるものであることが必要であると解するのが一般的な考え方である。しかし，報償責任・危険責任の考え方によって，事業者に責任を課すという立場を推し進めるならば，事業活動に伴って被用者が損害を発生させた以上は事業者はそれを賠償する必要があるという方向に進むべきであるということになる。そうなると，この要件は不要であるということになりそうである。ところが，この考え方は代位責任（＝被用者の責任を使用者が肩代わりする）とはなじみにくいものである（「肩代わり」するには，被用者の責任が発生していることが前提になるはずだから）。このことは，代位責任という構成と報償責任・危険責任という根拠づけの間には緊張関係があることを示していると言える。

◆　**使用者の免責事由**　715条1項ただし書の定める免責事由は，実際にはほとんど機能していない。今日では，この規定によって免責が認められることはないと言われている。この意味では，使用者責任の報償責任・危険責任としての性格ははっきりとしてきていると言える。

　なお，ここで付言しておくが，715条2項は，「使用者に代わって事業を監督する者」（代理監督者）にも使用者と同様の責任を課している。現実に被用者を監督する者がこれにあたるとされており，一般的監督権限を持つ代表

---

1)　内田457頁は，類型論が必要であるとする。

取締役などではなく営業所長などがこれにあたるとされている。しかし，このような立場の者については，報償責任・危険責任を帰責の根拠とすることは困難である。それゆえ，これらの者については 715 条 1 項ただし書の免責を認めるべきだという主張がなされている。

（2）効　果

715 条の効果は使用者が賠償責任を負うというものである。もちろん，被用者についても不法行為が成り立つので，被用者も賠償責任を負う。したがって，被害者は被用者・使用者のどちらに請求をしてもよいことになる。両者の責任は不真正連帯債務（全部義務）の関係に立つと解されている。

この規定によって使用者が賠償の支払をした場合，使用者は被用者に対して求償することができるというのが 715 条 3 項の定めるところである。使用者責任を代位責任と考える以上はこれは自然な規定である（なお，選任監督上の過失にもとづく責任と考えると，使用者にも負担部分が残るということになるが，それでも求償は可能だろう）。しかし，報償責任・危険責任の考え方からすると，責任は最終的にも事業者が負うべきだということになる。そうだとすると，使用者から被用者への求償は認めるべきではないということになる。この問題については，最判昭 51・7・8 民集 30-7-689 ［95］〈177〉は，信義則によって使用者の求償権に制約を課している（具体的には 4 分の 1 だけ求償できるとした）。具体的な基準としては必ずしも明瞭だとは言えないが，求償権に制約をかける一般論は妥当なものであろう。

2　関連問題

使用者責任とその他の制度の関係について，二つの問題をとりあげておきたい。

（1）表見代理との関係

取引的不法行為において外形理論がとられていることからもわかるように，715 条は被用者と取引関係に入った第三者を保護するために機能している。そうだとすると，表見代理（特に 110 条）との関係が問題となる。もちろん，両者には要件効果において若干の相違がある。要件については，110 条の場合には使用関係は不要である。逆に，715 条の場合，基本代理権は必ずしも

必要ではない。また，相手方の主観的要件も異なっている（善意・無過失と善意・無重過失）。効果については，110条の場合は法律行為の効果が本人に帰属するが，715条では損害賠償にとどまる。

　このように両者には細部の違いはあるが，基本的には重なる部分が多い。その場合には，どちらの制度が適用されるのだろうか。諸説があるが，大勢は，まず110条（法律行為法の固有の論理で），それでダメな場合に715条（不法行為法による補充を），という考え方であろう。もっとも，どちらでもいけるとして，要件効果の平準化をはかるべきだとする考え方もある。

（2）　法人自身の不法行為[1]

　企業の不法行為責任を追及するには，通常は715条を用いる。しかし，直接の行為者が誰であるかがわからない場合には，715条の適用は困難に直面する。特に，相手方が大企業で，その組織が複雑であると，ある行為が誰の行為であると見るべきかが難しい場合も少なくない。たとえば，公害や薬害の場合，いったい誰を被用者と考えればよいのだろうか。

　そこで，この困難を克服するために，企業を一個の加害者としてとらえて，その過失を問題にし不法行為責任を追及することが試みられている（民709条によることになる）。実際にこのような構成を認めた下級審判決は少なくないが，これをとらない判決もある。学説にも賛否両論がある。肯定説の論拠は前述の通りだが，否定説は「企業の行為」というのは擬人的な比喩にすぎないと批判する（図表9-2）。

図表9-2　法人の不法行為

1）　潮見375頁以下に詳しい。窪田69頁以下も参照。

　しかし，債務不履行の場合には「企業の行為」というのが観念されるわけ
だから，不法行為の場合にもこれを想定することは可能だろう。また，実際
にもこれを認める必要性は大きい。法人本質論ともかかわる問題だが，今後，
いっそうの理論展開が期待される問題であると言える。

Ⅱ　その他の責任

　人に関する責任のうち使用者責任以外のものについてふれておこう。一つ
は，民法典に規定のある責任無能力者の監督者の責任，もう一つは，自賠法
の運行供用者責任である。

1　責任無能力者の監督者の責任

　責任能力のところでも述べたように（⇒**第 1 章第 1 節**〔**UNIT 3/4**〕**Ⅳ1**），責
任能力のない者は不法行為責任を負わない（民 712 条・713 条）。そこで，こ
れらの者に代わり，民法 714 条 1 項は，「その責任無能力者を監督する法定
の義務を負う者」に責任を課している。これが責任無能力者の監督者の責任
である。このような責任が認められる根拠は必ずしもはっきりしないが，未
成年の子に対する父母の監督義務に求めるというのが一般的な考え方である。
　ところで，714 条の責任は，責任無能力者が責任を負わない場合にはじめ
て生じる責任（補充的責任）である。そうだとすると，責任無能力者本人が
責任を負う場合には監督者の責任は成立しないことになる。しかし，これで
は，被害者の保護が十分にはかられないことがある。そこで，すでに述べた
ように，未成年者の責任能力の水準を高いところに設定することが行われて
いるわけである。さらに，このような便法によらず，責任能力があっても監
督者の責任を肯定すべきだと主張する学説が現れ，今日では通説となってい
る。判例もまたこれを認めるに至っている。最判昭 49・3・22 民集 28-2-
347〈171〉がそれである。

　┃　**監督義務違反責任**　　本文で述べた最判昭 49・3・22 では，709 条が援用され
　┃　ているが，709 条そのものが適用されているわけではない。そこで言う監督義務

の懈怠は，「過失」（＝特定の損害に対する結果回避義務違反）そのものではないので 709 条とはやや違うが，監督義務の懈怠の立証責任は原告の側にあるので 714 条とも違っている（714 条ではこれは免責事由）。このような新たな類型が判例によって作り出されたと見るほかない[1]。

　　監督者の責任の限界——主体による区別・その4　最近になって，監督者の責任につき限界を画する二つの判決が現れている。サッカーボール事件（最判平 27・4・9 民集 69-3-455 [92]）と JR 東海事件（最判平 28・3・1 民集 70-3-681 [93]〈172〉）である。前者は未成年者の監護者に対して，後者は認知症患者の監護者に対する責任が問われたものであるが，最高裁はいずれも原審の判断を破棄して，原告の請求を斥けている。それぞれの事件で争点は異なっているが，家族であることを理由として直ちに重い責任を課すという思考方法が疑問視されている点で共通している。さらに後者については，原告が大企業であるのに対して，被告が個人であることも影響しているのだろう。

② 運行供用者責任

以前にふれたことがあるが（⇒**序章**〔UNIT 2〕I ②(2)），自動車事故については自動車損害賠償保障法（以下自賠法）という法律がある。この法律の3条は，「自己のために自動車を運行の用に供する者」（運行供用者）に，損害賠償責任を課している。**運行供用者責任**は，自動車という危険なものに関する責任という側面を持つが，他方，必ずしも運行供用者＝運転者ではないので，運転者という他人の行為に関する責任でもある。そこで，人に関する責任の一つとして，この責任について見ておくことにする。

　運行供用者責任には，次の三つの特色がある。第一に，運行供用者責任は次の3点を立証しない限り責任を免れない。①自己または運転者が自動車の運行に関し注意を怠らなかったこと，②被害者または運転者以外の第三者に故意または過失があったこと，③自動車に構造上の欠陥または機能の障害がなかったこと，の3点である。しかし，この立証は実際には非常に困難であるため，運行供用者責任は無過失責任に近い責任になっている。第二に，そ

1）　平井 214-216 頁，内田 369-371 頁など。

の反面，運行供用者責任の対象は**人身損害**に限られる。そして，第三に，この責任の履行を確保するために，自賠法は**強制保険制度**を導入している。つまり，運行供用者責任が肯定されると保険が適用されることになるわけである。

　　強制保険制度と直接請求権　　自賠法は，自動車損害賠償責任保険（または自動車損害賠償責任共済）の契約が締結されていない自動車は，運行の用に供してはならないとしている（自賠5条）。この保険契約は自賠法3条によって損害賠償責任が発生した場合に，保険会社がこれを填補することを内容とするものであり（自賠11条），被保険者は，被害者に対する損害賠償額につき自分で支払った限度で，保険会社に対して保険金の支払を請求することができる（自賠15条）。これが原則であるが，自賠法は，被害者は保険会社に対して，保険金額の限度内で損害賠償額の支払を請求することもできると定めている（自賠16条），直接請求権と呼ばれるこの制度は，被害者の実効的な救済をねらったものである（**図表9-3**）。

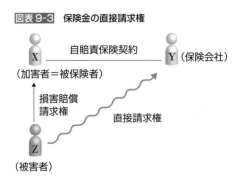

図表9-3　保険金の直接請求権

第2節　**物に関する責任**

　第1節では，特殊な不法行為のうち，人に関する責任について説明した。**第2節**ではこれに続いて，物に関する責任をとりあげる。中心は，工作物責任（民717条）であるが（I），あわせて，民法典あるいは特別法に規定のあ

るその他の責任についてもふれたい（Ⅱ）。なお，最後に，特殊な不法行為
について簡単なまとめをする。

Ⅰ　工作物責任

1　中心問題

（1）要　件

　民法717条1項は，「土地の工作物の設置又は保存に瑕疵があることによ
って」生じた損害について，当該工作物の占有者または所有者に賠償責任を
課している。これを「**工作物責任**」と呼んでいる。なお，竹木についても同
様の規定が設けられているがあまり問題とならない（民717条2項）。占有者
と所有者のうち，第一次的な責任主体である占有者は，「損害の発生を防止
するのに必要な注意」をしたことを証明して責任を免れることができるが，
第二次的な責任主体たる所有者の場合には，免責が認められない。つまり，
所有者の工作物責任は無過失責任である。このような責任が課される根拠と
しては，土地の工作物自体の持つ危険性があげられる。工作物責任は，危険
な物の占有者・所有者に課される責任であるというわけである（**危険責任**）。

　工作物責任の要件は，①土地の工作物にあたること，②その設置・保存に
瑕疵があること，③それが原因で損害が発生したこと，である。順に見てい
こう。

　◆ 工作物　　　　　土地の工作物とは「土地に接着して人工的作業を
　　　　　　　　　　　加えることによって成立した物」であるとされて
きた。したがって，天然に存在するものは土地の工作物にあたらない。ただ，
接着性の要件は緩和されてきており，建物，門扉，ブロック塀・石垣などは
もちろん，溜め池・貯水池・井戸・プール，電柱・電線，踏切・プラットホ
ーム，宅地造成地・工事用足場・資材置き場，坑道・掘られた穴・水たまり，
などもこれに含まれるとされている（以上は裁判例）。さらに，工場の機械を
土地の工作物とした判決もある。

　それ以上に進んで，航空機や動産（製造物）などについても工作物責任を
拡張適用すべきことを主張する見解もある。工作物責任のように所有者に無

過失責任を課す規定は民法典にはほかにないので，このような拡張はわからないではないが，「工作物」の概念からは大きく外れるものであると言えよう。

◆　設置・保存の瑕疵

ここで言う**瑕疵**は，「工作物が本来備えるべき安全性を欠いていること」であるとされている。たとえば，最判昭46・4・23民集25-3-351〈180〉は踏切事故のケースであるが，踏切道の軌道施設は保安設備を欠く場合には工作物たる軌道施設の設置に瑕疵があることになりうるとした上で，瑕疵の有無は見通しの良否，交通量，列車回数等の具体的状況を基礎として踏切道設置の趣旨から判断すべきだとしている。そうだとすると，瑕疵は過失同様，事実的な概念ではなく規範的な概念であるということになる。そうなると，瑕疵も過失同様に義務違反であると解する見解もでてきうることにもなるが，この問題については改めてふれることにしよう（⇒**2**(3)）。

◆　因　果　関　係

通常は，瑕疵と損害の間に事実的因果関係が必要であるとされる。不可抗力による災害の場合には，この事実的因果関係がないということで責任が問われないこともある。

(2)　効　果

効果については改めて述べるべきことはない（⇒**第2章**〔UNIT 6〕）。占有者が第一次的義務者，所有者が第二次的義務者であることはすでに述べた通りである。なお，占有者・所有者のほかに損害の原因となった者がある場合には，その者への求償が可能である（民717条3項）。

2　関　連　問　題

(1)　原因競合の場合

工作物の瑕疵に，自然力あるいは第三者の行為が加わって損害が発生した場合の取扱いはどうなるだろうか。まず，自然力の場合であるが，前に述べた飛驒川バス転落事件を思い出してほしい（⇒**第3章第2節**〔UNIT 8〕Ⅱ**7**(2)）。1審判決は減額を認めたが，2審は全額の賠償を命じていた。次に，第三者の行為が加わった場合であるが，最判昭50・6・26民集29-6-851は，第三者の運転する車によって道路工事の標識板などがなぎ倒された後で工事

現場を通りかかった車が工事現場を避けようとして道路下に転落したという
ケースについて，道路の安全性に欠けるところはあったが，道路管理者が遅
滞なく道路を安全良好な状態に復させることは不可能であったので，道路管
理に瑕疵はないとした。

(2) 失火責任法との関係

　工作物の瑕疵により火災が生じた場合，失火責任法との関係はどのように
なるか。古い判例には，重過失がない限り工作物責任は負わないとしたもの
があるが，その後は，失火責任法自体に疑義も呈されており，失火責任法を
適用しない下級審裁判例もある。学説には，工作物から生じた火災には民法
717条，延焼部分には失火責任法と，適用規範を分けてバランスをとろうと
するものもある。

(3) 国家賠償法2条との関係

　国家賠償法（以下国賠法）2条は「公の営造物」について工作物責任類似の
責任を認めるものである。この規定ができる以前は，公の営造物にも民法
717条が適用されたが，今日では，国賠法2条は717条の特別法であるとい
うことになるだろう。両者の間には細かい相違があるが，それらは別にして，
ここでは次の点にのみふれておきたい。それは，両者の法的性質の違いにつ
いてである。

　国賠法2条に関しては「**義務違反説**」と呼ばれる見解が有力に主張されて
いる。営造物については管理行為の当不当が問題にされることが多いという
のである。そこで，717条についても義務違反説をとるべきではないかとの
見解もありうるが，717条の瑕疵が工作物に内在する瑕疵に限られるのに対
して，国賠法2条の瑕疵は営造物そのものの瑕疵というよりも，その外部に
ある危険性との関連での安全性の欠如であることが多い（たとえば，河川の管
理を考えよ。道路についても状況は似ている）。それゆえ，二つの責任を一律に
義務違反説によって説明するのには躊躇を覚える[1]。もっとも，「工作物」
の概念もかなり広がっているので，程度問題であるとも言える。

---

1) 717条につき，義務違反説ではなく客観説に立つものとして，窪田220-221頁。

　アスベスト訴訟　　アスベスト被害に関しては，安全配慮義務違反を理由に債務不履行責任が問われることが多いが，工作物責任が問われた事例もある。判例は，工作物責任を肯定した原審を破棄し「壁面に吹付け石綿が露出していることをもって，当該建築物が通常有すべき安全性を欠くと評価されるようになったのはいつの時点からであるか」を確定する必要があるとしている（最判平 25・7・12 判時 2200-63）。

II　その他の責任

1　動物占有者の責任

　民法 718 条は**動物の占有者の責任**について定めている。ときどき犬にかまれて幼児が死亡したといった事件が新聞に載ったりするが，少なくとも今日では，社会的にそれほど重要な規定であるとは言えない。こうした規定があることを知っておけば足りるだろう。

　動物と責任　　不法行為法において，動物が問題になりうる局面はほかにもある。一方で，事故等でペットが殺傷された場合に，飼主は財産的な損害のほかに慰謝料を請求できるかが問題になりうる。他方，環境破壊などに対して，動物の名において訴訟が起こされた例がある。前者は下級審で認められているが，後者は動物に法人格が認められない限り，認められない。

2　製造物責任[1]

　欠陥製品についてその製造者に厳格な責任を課すべきであるという考え方は，日本でも 1970 年前後から主張されていた。また，実際にも，すでに紹介したように，薬品（スモン事件など）や食品（カネミ油症事件——食用油にPCB が混入），あるいは，自動車・家電製品などについて，製造者にかなり高い注意義務を課す判決が存在する。そして，このような判例法を受けて，1994 年に，**製造物責任法**（いわゆる PL 法）が制定された。この法律は 6 カ条

---

　1)　長尾治助「製造物責任」民法講座 6。なお，その後の基礎研究として，平野裕之・製造物責任の理論と法解釈（信山社，1990）。

からなる法律だが，その３条・４条は次のように定めている。まず，３条が原則を定める規定であるが，「製造業者等」は，製造・加工・輸入・氏名等の表示をした「製造物」の「欠陥」によって他人に損害を与えた場合には賠償責任を負うとされている。次に，４条が例外的に免責される場合を定めている。二つの場合があるが重要なのは第一の場合である。１号がそれで，いわゆる「**開発危険の抗弁**」と呼ばれるものである。たとえば，新製品（とりわけ新薬）開発の段階で，副作用の予見が困難だったという抗弁などが問題になりうる。

　このようにして，「製造業者等」は，製造物に「欠陥」があった場合には原則として責任を負うとされたわけであるが，その根拠は，使用者責任の場合と同じく，報償責任・危険責任に求められている。製品の大量製造・大量販売によって利益を得る者，また，危険性を内包する製品を市場に置く者は，その製品から生じる損害を賠償する責任を負うべきだというのである。いずれにしても，製造物という物の属性に着目した責任であることは確かである。製造物責任によってカバーされる損害は人身損害に限られないが，物自体に生じた損害は除かれている（売主の瑕疵担保責任〔契約不適合責任〕で処理される）。

　なお，製造物責任についても，運行供用者責任と同様に，保険制度を設けて賠償責任の履行確保をすることも考えられたが，立法の際にこれは見送りとされた。また，製品事故としては，死亡した，大けがをしたというもの以外に，指に切り傷ができたといった程度の軽微なものも生じうる（むしろこちらが数としては多いだろう）。このような場合には，実体法の整備以上に，手続面の整備（被害者救済のための機関を設けること）が重要である。この点についてもいろいろな立法論があったが，立法においては実現しなかった（ただし，国民生活センターの機能強化や各種業界団体の自主的紛争解決機関の設立などは行われている）。

　以上のように，できあがった製造物責任法は，いわばミニマムの法律であり，これでは従来の判例法と変わらないという批判もある。しかし，それでも，判例法を明文化した意味は大きい（もはや後戻りはできないということ）。また，企業としては安全対策に力を入れるようになってきているので，象徴的な意味は大きいとも言える。

欠陥概念の導入　欠陥の概念は，過失に代えて責任判断の中核概念として導入されたものである。立法時にはその定義をめぐっても様々な議論があったが，最終的には「当該製造物が通常有すべき安全性を欠いていること」と定義され，その判断要素として，製造物自体の特性，使用形態，製造物の引渡時期の三つが掲げられた（製造物2条2項）。結局，欠陥判断は過失と同様に総合判断にならざるをえないが，過失との違いは，予見可能性を要求するか否かというところにあると言える。ただし，全く予見可能性が不要かというとそうではなく，開発危険の抗弁という形で予見可能性はなお必要とされている。それでも立証責任は転換されているし，高度の予見義務が課されているので，欠陥概念の導入にはそれなりの意味がある。

表示上の欠陥　製造物の欠陥には，製造上の欠陥・構造上の欠陥のほかに，表示上の欠陥もありうるとされている。判例は，医療用医薬品の副作用に関する添付文書中の記述につき，諸般の事情を総合判断すると欠陥ありとはいえないとしている（最判平25・4・12民集67-4-899［86］〈138〉。原審の判断を是認。なお，1審は欠陥ありとしていた）。

第4章のまとめ

　最後に，特殊な不法行為全般についてまとめを行っておきたい（**図表9-4**）。

　特殊な不法行為としてとりあげたものは，中間責任（過失責任だが立証責任を転換）をとるか，さらに進んで無過失責任（過失を要件としない責任。ただし，全く免責が認められない結果責任ではない）をとっている。すでに述べたように，一般の不法行為についても過失の客観化が進められており，場合によっては

図表9-4　特殊不法行為のまとめ

人に関する責任
　使用者責任（民715条）　　　　　　　中間責任（無過失責任に近い運用）
　無能力者の監督者の責任（民714条）　中間責任
　運行供用者責任（自賠3条）　　　　　中間責任（無過失責任に近い内容）

物に関する責任
　工作物責任・占有者（民717条）　　　中間責任
　工作物責任・所有者（民717条）　　　無過失責任
　製造物責任（製造物3条）　　　　　　無過失責任

無過失責任に近い取扱いをする裁判例も現れているが，特殊な不法行為の場合には，それぞれの性質に応じて，もともと過失責任主義が修正されていたわけである。もっとも，過失の客観化の影響は特殊な不法行為にも及んでおり，特別法による責任には無過失責任が増えているし，中間責任とされていたものが無過失責任的に運用されているということもある。以上，責任の客観化の趨勢のみを指摘しておいて，これに関する考察は**第5章**（⇒**第5章第4節**〔UNIT 12〕**Ⅱ7**(2)，**2**(2)）で行うことにしたい。

> **責任の厳格化と過失相殺**　中間責任であれ狭義の無過失責任であれ，加害者の責任を厳格化している場合に，過失相殺をすることは妥当か否かは問題になりうる。原子力損害に関しては，近年の改正によって被害者の重過失に限ってしんしゃくしうることが明示されるに至った[1]。

---

1)　原子力損害の賠償に関する法律4条の2。

MAIN QUESTION

どこが特殊な責任なのか？

KEY SENTENCES

■外形理論はすべてのケースに貫徹していないのであるが，全面的に廃棄されたわけでもない。事業執行性の要件については，問題に応じて複数の基準が併用されているのが，現在の判例の姿である。

■715条1項ただし書の定める免責事由は，実際にはほとんど機能していない。今日では，この規定によって免責が認められることはないと言われている。この意味では，使用者責任の報償責任・危険責任としての性格ははっきりとしてきている。

■企業の不法行為責任を追及するには，通常は715条を用いる。しかし，直接の行為者が誰であるかがわからない場合には，715条の適用は困難に直面する。……この困難を克服するために，企業を一個の加害者としてとらえて，その過失を問題にし不法行為責任を追及することが試みられている。

■所有者の工作物責任は無過失責任である。このような責任が課される根拠としては，土地の工作物自体の持つ危険性があげられる。

■瑕疵は過失同様，事実的な概念ではなく規範的な概念であるということになる。そうなると，瑕疵も過失同様に義務違反であると解する見解もでてきうることにもなる。

TECHNICAL TERMS

使用者責任　代位責任　報償責任・危険責任　事業執行性　外形理論　取引的不法行為　運行供用者責任　人身損害　強制保険制度　工作物責任　危険責任瑕疵　義務違反説　動物　製造物責任法　開発危険の抗弁　欠陥

REFERENCES

植木哲・災害と法（一粒社，初版，1982，第2版，1991）

民法717条と密接な関係を有する国家賠償法2条の「瑕疵」につき，裁判例の分析から義務違反としてとらえる考え方を提示したもの。同じ時期にほぼ同旨の議論を展開したものとして，國井和郎「道路の設置・管理の瑕疵について(1)～(16・完)」判タ326～481号（1975-83）も参照。なお，使用者責任につい

ては，田上富信・使用関係における責任規範の構造（有斐閣，2006）および中原太郎「事業遂行者の責任規範と責任原理(1)〜(10・完)」法協 128 巻 1 号〜129 巻 10 号（2011-12）を参照。

第5章 契約・不法行為以外の債務発生原因

■ UNIT 10　不当利得──なぜ不当利得が必要なのか？

■参照条文■　703条〜708条

＊もうひとつⅡ-12, みかた4-8

（不当利得の返還義務）

第703条　法律上の原因なく他人の財産又は労務によって利益を受け，そのために他人に損失を及ぼした者（以下この章において「受益者」という。）は，その利益の存する限度において，これを返還する義務を負う。

（悪意の受益者の返還義務等）

第704条　悪意の受益者は，その受けた利益に利息を付して返還しなければならない。この場合において，なお損害があるときは，その賠償の責任を負う。

　第5章では，これまでとりあげてこなかった問題にふれることにしたい。残された問題の中心をなすのは，契約・不法行為という二大債務発生原因以外の債務発生原因に関するものであるが，あわせて，契約・不法行為の双方に関するものもとりあげる。まず，**第1節～第3節**で，第一の問題群の検討を行うことにする。

　契約・不法行為以外の債務発生原因として，民法典は，事務管理と不当利得に関する規定を置いている。また，民法典にまとまった規定はないけれども，特殊な債務発生原因と考えられるものはほかにもある。以下においては，不当利得を中心に説明をし，事務管理，そして，その他の債務発生原因についても簡単にふれることにする。そのうち，**第1節**では，不当利得を説明する。

第1節　不当利得

I　不当利得の位置づけ

1　不当利得とは何か

（1）具体例

　契約あるいは不法行為というのは常識的にもわかりやすい制度であるが，これらに比べると不当利得はややわかりにくい。そこでまず，具体例をあげて一応のイメージを持ってもらう必要がある。

　たとえば，次のような状況を考えてみよう（**図表10-1**）。XはYとの間で不動産の売買契約を締結した。契約に基づいてXは代金を支払った。その代わりにYから移転登記をしてもらい引渡しも受けた。しかし，この契約はXの錯誤によって締結されたものであったとしよう。そうすると，本シ

リーズ総則編で説明したように，この錯誤が要素の錯誤（重要なもの）であれば，XはYに対して契約の取消しを主張できることになる（新95条）。さて，取消しによって契約が無効だとなると（民121条），その後はどうなるのだろうか。契約が無効ならば，そこから債権債務は発生しない。Xの代金支払債務，Yの目的物引渡債務はなかったことになる。つまり，そのような義務がないにもかかわらず，Xは代金を払い，Yは目的物を引き渡したことになる。

　そうだとするとどうなるのか。ここで出てくるのが**不当利得**である。いまXに着目して考えると，Xは払わなくともよい代金を払った。逆に言うと，Yはもらう理由のないお金を受け取ったことになる。このような場合，XはYに代金の返還を請求することができる（YはXに代金を返還しなければならない）。この結論自体はおそらく常識でもわかるだろう。しかし，法的に見た場合，なぜ，Xは返還請求ができるのか，Yは返還の義務を負うのか。現行の民法典によれば，「Yは理由なくお金を持っているから」（＝不当に利得しているから）と説明することになる。不当利得がある場合には，利得者に対して返還請求ができるという規範が存在すると考えるのである。

　もう一つ，別の例をあげよう（図表10-2）。YはX所有の動産を自分の物だと信じてこれを他人に処分してしまったとしよう（XとYが民法の債権各論

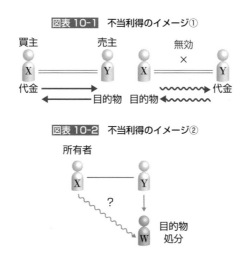

図表10-1　不当利得のイメージ①

買主　　　売主　　　　　　無効

X＝＝＝Y　　　X＝＝＝Y

代金 →　　　　　　　　　　→ 代金
← 目的物　　目的物 ←

図表10-2　不当利得のイメージ②

所有者

X ——— Y

?　　↓

W　目的物
　　処分

の試験場で隣り合った。XがYとの間の座席に置いた『新基本民法6』をYはうっかり自分の本だと思ってカバンの中にしまい，帰りに古書店Wで売ってしまった）。もし，本がYの手元にあれば，XはYに対して返還請求ができるだろう。その根拠は**物権的請求権**（⇒本シリーズ物権編）である。また，古書店Wが即時取得しない限り，XはWに対して返還請求をすることもできる。しかし，Wが即時取得することもあるし（⇒本シリーズ物権編），さらに，Wが別の人に転売してしまって本の行方がわからないということもある。そのような場合，XはYに対して何も請求することはできないのだろうか。

　上の例だと，Yの**不法行為**が問題になりうる。Yに過失があればそれによってXに生じた損害は賠償請求の対象となる。しかし，Yに過失がなかった場合にはどうなるだろうか（通路の両脇にXとYが座り，Xの机から本が通路に落下，監督者がこれをYの物だと思ってYのカバンの上に置いたといった場合。これで過失なしと言えるかどうかには議論の余地があるが，ここでは過失なしとしておこう）。過失がなくとも，現物がYの手元にあればYは返還義務を負う。それなのに現物がなくなると，Xは何らの請求もできなくなるということでよいか。より具体的に言えば，本を売った代金も返さなくてよいということになるのだろうか。常識的に見て，それはおかしいと感じられる。

　この場合にも，不当利得があるので返還請求ができるという規範が適用されるだろう。

(2)　一般条項

　以上のような場合に，XはYに対して不当利得の返還請求ができると考えられている。ところで，注意すべき点は，これらの場合に返還請求ができるのは，不当利得という同一の制度にもとづいてであると考えられているということである。制度としては，契約が無効の場合の後始末に関する規定を設ける（債権法改正によって新121条の2が設けられた），また，目的物の返還が不可能な場合の物権的請求権の効力に関する規定を設ける（たとえば，民法248条のような規定を独立に設ける），という対応も可能である。歴史的に見ると，ローマ法では，個別の場合に返還請求権が認められていたにすぎないし，また，フランス法では，現在も不当利得に関する一般的・包括的な規定は存在しない。

　しかし，ドイツ法や日本法においては，不当利得に関する一般的な規定が設けられており[1]，先に述べた二つの例はいずれもこの規定の適用によって解決されるべき問題として理解されてきた。契約の後始末や物権的請求権の補完のための個別的法理というのではなく，不当利得という独立の制度が観念され，かつ，制度としても設定されているのである（図表 10-3）。この点は当然のように思われがちであるが，必ずしもそうではないということに留意した方がよい。そのように考えると，以下に述べる不当利得理論の展開も少しはわかりやすくなるかもしれない。

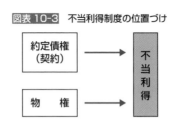

図表 10-3　不当利得制度の位置づけ

　なお，不当利得を独立・固有の債務発生原因であると観念すると，それは，不法行為と同様に，**法定の債務発生原因**であるということになる。先にあげた例の場合，いずれにも契約関係は存在しないので，法がある事実（不当利得の存在という事実）に着目して，それに債務発生という効果を結びつけているというわけである。

② 不当利得論の現状[2]

（1）　公平（衡平）説

　不当利得に関する一般規定，それは，具体的には民法 703 条・704 条である。これらの規定によって，およそ不当利得があればその返還請求は可能で

---

1)　日本の規定の沿革につき，川角由和「民法 703 条・704 条・705 条・708 条（不当利得）」民法典の百年Ⅲ参照。

2)　加藤 92-101 頁を参照。

あるとされている（要件効果については後で述べる）。それでは，なぜ，このような制度が設けられているのだろうか。先に述べたような具体的な個々の場合に，返還請求を認めるべきであろうということは，それなりに理解できる。しかし，それを一般化した制度を設けるという場合，その正当化の根拠はいかなるものになるのだろうか。

　この点に関する古典的な説明は，当事者間の「公平（衡平）」を実現するために，というものである（「公平（衡平）説」と呼ばれる。日本では，たとえば，我妻）。これは，誤った説明ではないがあまり説明らしい説明であるとは言えない。しかし，不当利得という制度を理念の面で統一的に説明するとなると，このような抽象的な説明にならざるをえない面もある。そして，このレベルの説明にとどまる限り，不当利得法はアド・ホックな処理のための法であるということになり，そこに厳密な理論を求めようという態度は生まれにくい。

(2)　類 型 論[1]

　ところが，ドイツでは20世紀になって，不当利得法をより厳密に考察しようという学説が続けて現れた。日本でも，戦後のある時期から，このような学説の影響を受けて新たな議論を展開する学説が現れている（磯村哲，川村泰啓，加藤雅信。概説書では早い時期に広中）。そのような学説の特色を一言で述べると，それらは，不当利得法の機能に着目し，それを実定法の構造の中に位置づけようとしたものであると言える。そして，その際に，多くの学説は，一般的な規定を持つ不当利得法の働き方は局面によって異なり，特に，いくつかの類型に分けて考える必要があるという主張をしたのである。その結果，細部において違いはあるものの，全体としては，類型論が支配的になっている。

　類型論の基本認識は，不当利得法は財産法秩序を補完する機能を果たすものであるので，その規範内容は，補完の対象となる財産法上の制度の性質に依存するというものであった。そうだとすると，現在の財産法秩序をどう見

---

1)　土田哲也「不当利得の類型的考察方法」民法講座6。

るかということがポイントとなるが，すでにふれているように，契約の補完，物権の補完が，不当利得法の二大領域であるという点では，学説はほぼ一致している。前者を「**給付利得**」（これは安定した呼び方），後者を「**侵害利得**」（これはいろいろな呼び方がある）と呼ぶことが多い。なお，その他の領域としては，たとえば，**求償**などがある。結局，不当利得という一般論が成り立つことは一応承認しつつも，より具体的なレベルを措定して，類型に応じて要件効果を考えようというのが，現在の不当利得論であると言えるだろう。これによって，「公平（衡平）」という抽象論を超えた議論が可能となっている。給付利得と侵害利得のそれぞれについて，「表」の制度との関連に留意しつつ（しかも不当利得としての統一性にも配慮して）議論が行われるようになっている（**図表 10-4**）。

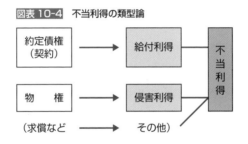

図表 10-4　不当利得の類型論

約定債権（契約）　→　給付利得　→　不当利得

物　権　→　侵害利得　→

（求償など　→　その他）

Ⅱ　不当利得の制度

　Ⅰ(2)で紹介した類型論に注意しつつ，不当利得の要件効果について説明することにしよう。

1　要　　件

　民法 703 条を見ると，不当利得の要件は，大きく次の二つに分けられるように思われる。その一つは，「法律上の原因」がないこと，もう一つは，「受益」と「損失」，そして，両者の間の「因果関係」である。説明の便宜上，順序を逆にして，それぞれを見ていくことにしよう。

（1）　受益・損失・因果関係

　先ほどあげた二つの例を思い出してほしい。契約は無効となったが，代金は支払済みであるという場合，Yに受益がありXに損失があることは明らかである。そして，Xにとっての損失がすなわちYにとっての受益であるので，因果関係の存在も明らかであろう。契約が無効なのに給付がなされた場合には，その給付がすなわち受益＝損失であるので因果関係を問題にするまでもない。つまり，典型的な給付利得の場合には，受益・損失・因果関係という要件にはほとんど意味がない。もう一つの例，侵害利得の例はどうだろうか。受益の方は，たとえば処分益（ほかに使用・収益の利益であることもある）としてYに存在している。その利益は本来Xに帰属すべき利益なのであり，Xに損失があることも明らかである。ここでもまた，因果関係を問題とする必要はない。

　そうだとすると，これらの要件は不要なのだろうか。答えは半分はイエス，半分はノーである。確かに典型的な事例においては，これらの要件は不要である。要件レベルで考える限り，受益＝損失とは，理由なき利益享受が生じているかどうかということであり，それは次に述べる「法律上の原因」の存否にほかならない。そうであるとすると，法律上の原因の存否そのものを問題にすればよい。

　では，因果関係はどうか。この点はやや微妙である。というのは，次のような事情があるからである。二当事者間の不当利得では，因果関係が問題になることはほとんどない。しかし，因果関係が問題にされるのはそのような局面ではなく，三当事者が登場する局面においてだからである[1]。直接の相手方Yに対してではなく，関係の遠いWに対して不当利得返還請求をする場合，Xの損失とWの利得の間に「直接の因果関係」があるかどうかが問題にされる。その意味では，「因果関係」にはそれなりの意味があることになる。だが，はたして，これを因果関係の問題としてとらえるべきかどうかは，また別の問題である。この点については，後に，具体的な問題とのかか

　1）　加藤37頁，内田525-526頁などを参照。

わりで考えることにしよう（⇒**Ⅲ_1_**）。

（2）　法律上の原因

　もう一つの要件は「法律上の原因」であるが，これこそが不当利得の核心をなす要件である。法律上の原因がなく利益を受けているかどうか，この点がまさに不当利得の存否を決するのである。そして，不当利得の類型もまた，この「法律上の原因」の類型として提示されている。

　給付利得については，法律上の原因の不存在とは，契約など給付を基礎づける法律関係が存在するように見えたが，それが不成立・無効であった，取り消された，解除されたなどの理由により，実は存在しなかったということである。また，侵害利得については，権限のない者に財貨の移転が生じているということである。

　このように，結局，不当利得の要件とは，利得の原因となる法律関係があるか否かを問うものにほかならない。その意味では，「表の法律関係」を分析することに帰着する。「法律上の原因」とはこのことを包括的・一般的に表現した要件であるわけである。

　以上で要件の説明を一応終える。簡単に見えるが，それは対象をシンプルな典型例に絞っているからである。より複雑な例では「法律上の原因」の存否は分析を要する問題となる。そのような例のいくつかは，後でとりあげることとなる。

_2_　効　　果

　次に効果の方である。かつては，民法703条（受益者が善意の場合）と704条（受益者が悪意の場合）の違いが基本的な区別であるとされていたが，今日では，効果についても類型に応じた取扱いがなされている。というよりも，類型論は同じ不当利得であっても効果が異なるものがあるということを導く点に，解釈上の意義がある。そこで，以下，給付利得，侵害利得に分けて，不当利得の効果を説明したい。

（1）　給付利得の場合

　給付利得の場合，その効力が否定されたとはいえ，当事者間に表見的な法律関係が存在したことは確かである。返還請求の対象となる給付は当事者間

に設定された法律関係（契約など）にもとづいてなされたわけである。それゆえ，この給付利得の返還請求については，その原因となった法律関係を反映させた取扱いが必要であるとされている。

　具体的には，**同時履行の抗弁**や**危険負担**など表の法律関係を規律する法理は，その関係が転化した不当利得についても及ぼされるべきであると考えられる。X・Y間の売買契約が無効となり，買主Xは目的物を売主Yは代金をそれぞれ返還する義務を負う場合，二つの義務が同時履行の関係に立つべきであるというのは，おそらく異論のないところであろう。また，Xが返還すべき目的物が滅失しXに帰責事由はないという場合，703条によってXが善意ならば現存利益を返せばよいと考えるのではなく，危険負担の考え方を及ぼして処理すべきであろう。さらに，果実などの処理についても，703条ではなく売買の法理を類推して処理すべきだろう。

　もう一つ注意すべき点がある。それは，当初の利得が金銭である場合の取扱いである。この場合，第一に，判例は，現存利益への縮小を容易には認めない。最判平3・11・19民集45-8-1209〈118〉は，YがX銀行に取立てを依頼した手形が不渡りになりXからYに払戻金の返還請求がなされたが，Yは自身が取立てを依頼されたAに支払済みであり現存利益はないと主張した（**現存利益**とは何かについては，⇒本シリーズ総則編）。1審はこれを認め2審も一部は認めたが，最高裁は，①現存利益の不存在の立証責任はYにあるが立証がなされているとは言えない，②受益者が悪意になった時点を現存利益の存否の基準時とすべきである（利得喪失時に善意であったことの立証責任もYにある）として，Yの主張を斥けている。第二に，判例は，当初の利得が金銭の場合には，受益者が善意でも利息を付して返還する必要があるとしている。最判昭38・12・24民集17-12-1720［77]〈117〉は，金銭の利息については損失者が当然にこれを取得しただろうと考えて，現存利益に含まれるとしている。

　以上をまとめてみると，給付利得の場合には，703条（704条）はそのままの形では適用されていない（表の法律関係などの影響を受けている）という点に大きな特色があると言える。

　　返還の範囲　　判例は，「無所有共用一体」を掲げる団体に加入する際になされた全財産の出捐は，団体からの脱退によって法律上の原因を欠くことになるとした上で，脱退の時点において合理的かつ相当と認められる範囲に限り，不当利得返還請求が認められるとした（最判平 16・11・5 民集 58-8-1997）。脱退の時点において将来に向けて不当利得が生じるという考えに立つものと思われるが，それにしてもより広い範囲で返還を認める余地もあった。判例の背後に潜む思考様式がいかなるものであるのか，立ち入った検討が必要だろう。

(2)　侵害利得の場合

　侵害利得の場合，まず，目的物が現存していれば，物権的請求権によって解決をはかることができる。目的物が滅失したとか，ほかに処分されたということで，受益者の手元に現存しない場合にのみ不当利得返還請求権が登場することになる。

　それでは，この場合には，703条・704条がそのまま適用されるだろうか。実は必ずしもそうではない。この場合を規律するルールは 191 条に存在するのである（内容は703条・704条と同じだが特定の局面を想定したルール——特別法——であるので，こちらが適用されると考えるべきだろう）。また，果実の取扱いについても，189条・190条が存在する。

　　理念型としての703条・704条　　最後に一点，読者が疑問に思うかもしれない点についてふれておこう。これまでに述べたように，給付利得にせよ侵害利得にせよ，703条・704条の規定はそのままには適用されない[1]。それにもかかわらず，これらは一般規定であるとされる。これはおかしく感じられるかもしれないが，今日では703条・704条は理念型としての意味を持つにとどまると考えるほかないだろう。実はこのような規定はほかにもないわけではない。それは共有の規定である（⇒本シリーズ物権編）。共有の場合，当事者間に合意のある共有と合意のない共有に分けることができるが，前者の場合には，当該共有者の関係は組合であると解されることが多いだろう。そうすると，それは組合の規定によって規律されることになる。後者の場合の中心をなすのは相続

---

1)　鈴木 775-776 頁も参照。

であるが，相続の場合には固有の制度・法理が用意されている。それゆえ，組合でも相続でもなく共有の規定が適用されるという場合はごく少ないということになるのである。しかし，それでも共有の規定は共有関係の理念型を示すものとしては存在意義を失わない。不当利得の場合もこれと同様であると考えることになるだろう。

　　悪意の推定　　貸金業者に対する過払金（支払済の制限超過利息のうち利息・元本への充当後になお残る金銭）の返還請求につき，判例は，貸金業法旧43 条 1 項が適用されない場合には，同項の適用があると認識するに至ったことにつきやむをえない事情がない限り，悪意が推定されるとした（最判平 19・7・13 民集 61-5-1980）。他方で，その後，利息支払の任意性を否定した判例（最判平 18・1・13 民集 60-1-1 [56]）の登場以前になされた利息支払に関しては，悪意の推定はできないとするに至っている（最判平 21・7・10 民集 63-6-1170）。

Ⅲ　特殊な法理

1　当事者の関係の特殊性[1]

すでに繰り返し述べたように，不当利得にはかなり判断の難しい事例も存在する。それは，主として，当事者の関係の特殊性に由来する。ここでは，よくとりあげられる二つの問題についてふれておくことにしたい。

（1）　転用物訴権[2]

第一の問題は次のようなものである。契約にもとづく給付が相手方だけでなく第三者の利益にもなった場合，その第三者に対して利得の返還請求する権利を「**転用物訴権**」と呼んでいるが，これを認めるべきかというものである。

この問題については，最判昭 45・7・16 民集 24-7-909 という著名な判例がある（**図表 10-5**）。事案は，Y からブルドーザを賃借（リース）していた

---

1)　以下で扱うものも含めて第三者のかかわる問題については，藤原正則・不当利得法（信山社，2002）311-395 頁に詳しい。
2)　加藤 117 頁以下は，不当利得とは独立の債務発生原因であるとする。

図表 10-5　転用物訴権の具体例（判例）

所有者 Y

転用物
訴権？

修理代金債権
賃借人 A ← ── ─ 修理業者 X
倒産　　　　×

　A会社は，このブルドーザを修理業者Xに修理してもらった。しかし，その後で（ブルドーザがAのところに戻った後で）Aが倒産したためXは修理代金の回収が困難になった。そこで，XはYに不当利得の返還請求をしたというものである。1・2審はXの損失とYの利得との間の因果関係を否定しXの請求を斥けたが，最高裁は原判決を破棄した。最高裁は，本件において，Xの行った給付（修理）の受領者がYではなくとも直接の因果関係は認められないわけではないとし，具体的には，Aが無資力のためXのAに対する修理代金債権が無価値の場合には，その限度でYの得た利得はXの財産・労務に由来するとした。

　しかし，学説の多くはこの判例に批判的である。確かに，Xには損失がありYには利得がある。それゆえ，最高裁はその両者の間に因果関係があるかどうかを問題とした。この点はひとまず措くとして，他の要件（特に法律上の原因）に着目しつつ，X・Yの置かれた状況を検討してみよう。Xには損失があるが，その損失は本来，債務者Aに対する請求によって補塡すべきものである。他方，Yの利得であるが，これについては場合を分けて考える必要がある。第一に，Y・A間で修理費用はAが負担するという特約があった場合。この場合には，それに見合った低い賃料が設定されているはずであり，Yには利得はないので，そもそも不当利得は問題にならない。第二に，特約がなく修理費用はYからAに償還されるべき場合。この場合には，AはYに対する費用償還請求権（民608条）を持つが，その対価として物の価値が増加するのには法律上の原因があるということになる。

　以上のように，転用物訴権のケースは不当利得にはならないと考えるべきだろう。XはAの無資力のために債権が回収できないこともあるが，それは事実上の問題でありYに不当な利得があるわけではない。ただし，YからAに支払われるべき費用はXに帰属すべきだとは言えるだろう。しかし，これを実現するためには，債権者代位権（民423条。⇒本シリーズ債権編）という制度を利用すればよい。判例も，このような学説の批判を受け入れて，「YがAとの間の賃貸借契約において何らかの形で右利益に相応する出捐ないし負担をしたときは，Yの受けた右利益は法律上の原因に基づくものというべき」であるとするに至っている（最判平7・9・19民集49-8-2805 [79]〈116〉）。

　なお，最後に，因果関係の直接性についてふれておくが，これはドイツでは，もともと転用物訴権の成立を否定するための論理であった。ところが，最判昭45・7・16はこの論理を転倒した形で用いている。そのことが端的に示すように，直接か間接かは見方によってどちらとも言えるものである。因果関係によって規律するよりは，先に述べたように法律上の原因の分析によって処理する方が望ましいであろう（因果関係を考えると言っても，それは事実的な因果関係ではなく法的評価にほかならない。そうだとすると，当事者の法律関係の分析なしでは判断できず，結局は法律上の原因の存否の判断に帰着することになろう）[1]。

> **転用物訴権から見た無償行為**　　学説の中には，転用物訴権との関連で，有償契約と無償契約とではその法的保護に差があることを指摘する見解がある。無償契約にもとづく取得を第三者に主張することが制限される場合があるというのである[2]。こうした考え方は，ほかの問題についても見られないわけではない。たとえば，即時取得の要件として善意・無過失だけでなく有償を加えるという考え方が，その例である。さらに広く民法を見回せば，特別受益の持戻しや遺留分侵害額請求などにもこのような考え方につながる側面があるとも言える。

　1）　鈴木767頁は，返還請求がされるべき状況を因果関係ありと称する，と指摘する。さらに，加藤40頁は，端的に，「因果関係」から「関連性」へと移行すべきことを主張する。
　2）　加藤134頁。

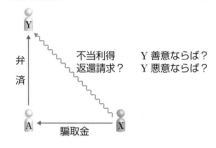

図表 10-6　騙得金による弁済の具体例（判例）

（2）　騙取金による弁済

　第二の問題は，A が X から騙し取った金銭で自己の Y に対する債務を弁済した場合，X は Y に対して不当利得の返還請求ができるかというものである（図表 10-6）。

　これは，第 2 次大戦前からしばしば判例に現れている問題であるが，判例の態度ははっきりしない。大審院時代には，直接の因果関係がないということで，不当利得を否定したものがあったが（大判大 8・10・20 民録 25-1890。ただし，第三者弁済もからむ四当事者のケースであった），戦後になると，最判昭 42・3・31 民集 21-2-475 は，Y 善意のケースにつき，善意での受領には法律上の原因があるとして，Y を保護したが，最判昭 49・9・26 民集 28-6-1243［80］〈115〉（事案は複雑）は，Y 悪意のケースにつき，Y の損失と X の利得の間に因果関係があるとして，X の方を勝たせている。

　このような最高裁の態度について，学説は様々な考え方を示している。諸説のうち，ここでは三つを紹介しておく。第一は，Y の立場から出発する考え方である。Y は自己の債権について A から弁済を受けただけのことであり弁済の受領には法律上の原因がある。これが原則である。ただし，A が無資力なのにことさらに Y に弁済したという場合には，詐害行為取消権（民 424 条。⇒本シリーズ債権編）によって Y が悪意の場合にのみ X は返還請求をなしうるというものである。これに対しては，単なる弁済は Y が悪意であっても詐害行為にあたらないのではないかとか，判例は悪意のみならず重過失ある場合にも返還請求を認めるとしているので 424 条の要件とは一致しないといった批判がある。第二は，X の立場から出発する考え方である。

もし，Ｘが騙し取られたのが金銭でなく動産であったとしよう。そうだとすると，Ｘの返還請求権（物権的請求権）はＡのみならずＹに対しても及ぶはずである。これが及ばないのはＹが即時取得する場合（Ｙが善意・無過失の場合）だけである。そうだとすると，金銭についても同様に（金銭そのものではなくその価値について）物権的な返還請求権を認めるべきではないか。そう考えるのである。これに対しては，その前提である**価値返還請求権**なるものを認めることができるかどうかに疑問が呈されている。第三の考え方は，二つの説による説明はどちらも問題があるということで，既存の法理による法律構成を諦めて，判例による法創造（不当利得の転用）と考えるほかないとする。

　いずれにせよ，転用物訴権の場合とは異なりこの場合には一定の要件のもとで返還請求を認めた方がよいということ，しかし，それは本来の不当利得そのものではないということ，の2点については，学説の大勢は一致していると言ってよいだろう。

2　主観的態様の特殊性

　次に，当事者の主観的態様に特殊性があるために，一般とは異なる取扱いが必要な場合がある。これについては民法典に規定がある。

（1）非債弁済

　債務がないのに弁済として給付を行うことを広く「**非債弁済**」と呼んでいる。この場合，弁済者は弁済受領者に対して不当利得の返還請求ができることになりそうだが，民法典には，705条から707条までの規定が置かれている。たとえば，705条は，債務の不存在を知りつつ弁済を行った弁済者は返還請求をなしえないと定めている（狭義の非債弁済）。このような者を保護する必要はないということである。706条・707条については，それぞれ規定を読んでおけばよい。

（2）不法原因給付[1]

　次の**不法原因給付**はもう少しやっかいな制度である。708条が定めるよう

1）　山田幸二「不法原因給付」民法講座6。

に，不法の原因によってなされた給付については，返還請求ができないというのがこの制度である。この規定をめぐっては起草者の間に激しい争いがあったが，多数決でこの規定が採用された。反対論を展開した梅謙次郎は，原因が不法だといってもそれで返還請求ができなくなるというのはおかしいと主張した。そこで，その後は，不法な請求には裁判所は手を貸さないことだという説明がされるようになった（**クリーン・ハンズの原則**）。

　たとえば，麻薬の売買は公序良俗違反で無効である。本来ならば，売主Xは目的物の返還請求ができるはずだが，裁判でそれを求めるのはおかしい，裁判所はそんなことには手を貸さないというのである。これは多くの人の納得する取扱いであると言えよう。しかし，梅の主張したように，おかしな結果が生ずることもある（たとえば，悪質商法による契約が90条違反で無効とされた場合に，消費者が支払った代金はもはや返還請求できない，というのはいかにもおかしい）。そのため，判例は，708条の適用範囲をかなり制限する傾向にある。次のような二つの方法がとられている。

　第一に，不法性の比較が行われている。具体例をあげよう。先の麻薬購入の例で，Yは，Zから麻薬を購入するためにXからお金を借りたとしよう。後になってYが，この消費貸借は動機に不法があるということで無効であると主張した場合，この消費貸借はやはり公序良俗違反で無効となることがある（⇒本シリーズ総則編）。だが，その場合に，XはYに貸し与えた金銭の返還請求をすることができないと言うべきだろうか。そうだとすると，Yは借りただけ得ということになってしまう。それではおかしいということで不当利得返還請求を認めたのが，最判昭29・8・31民集8-8-1557である（事案は麻薬ではなく密輸だが，同じように資金の貸借のケースである）。最高裁は，XとYの不法性を比較して，Xの不法性はYのそれに比べて微弱であると評価して返還請求を認めたのである。708条ただし書は不法性が受益者にのみある場合には本文は適用されないとしているが，この判例はこの例外の適用要件を緩めたものと言うことができるだろう（前述の悪質商法の被害者の場合，その多くは708条ただし書で救済されるが，仮に被害者側にも不法性があったとしても，この判例によってそのほとんどは救済されるだろう）。

　第二に，基礎となっている法律行為が取締規定に反するだけでは「不法」

でないとされることが多い。最判昭41・7・28民集20-6-1265は，Xが差押えを避けるために不動産をYに仮装譲渡したという事案について，それだけで直ちに708条にあたるわけではないとしたものである。この隠匿行為は刑法96条の2に違反するが，だからといって不法原因給付であるとすると，Xの債権者はこの財産に執行できなくなってしまい，96条の2が仮装譲渡を抑制しようとした趣旨にも合致しないというのが，その実質的な理由である。ただ，場合によっては，返還請求を認めない方が違法行為の禁止の趣旨にあうということもあるので，「取締規定違反＝不法原因給付なし」と短絡的に考えるべきではない。

　なお，不法原因給付ということになると，その給付対象の所有権がどうなるかについては最大判昭45・10・21民集24-11-1560［82］〈121〉を参照。この判決は，贈与者Xの給付は不法原因給付であるので返還請求はできず，その反射的効果として所有権はYに帰属するとしている。学説の中には，Yに所有権は帰属するとまで言う必要はないとするものも多い。判例のように考えると，Yによる移転登記の請求が可能ということになるが，これを認める必要はないというのである。もしそうだとすると，占有はY，登記はX，という浮動的な状態が生じるが，第三者が登場しない以上はそれで特に困らないというのである。

　　損益相殺と不法原因給付　　反倫理性の高い不法行為（著しく高額の利息を伴うヤミ金融）の被害者が，これによって損害を受けるとともに，当該行為にかかる給付（元本）により利益を得ていた場合に，判例は，損益相殺ないし損益相殺的調整をすることは，民法708条の趣旨に反するものとして許されないとした（最判平20・6・10民集62-6-1488〈122〉）。法律行為が無効とされたならば，利息の請求ができないだけではなく，元本の返還請求も許されないという事案に相当する。

MAIN QUESTION

なぜ不当利得が必要なのか？

KEY SENTENCES

■ドイツ法や日本法においては，不当利得に関する一般的な規定が設けられており，……契約の後始末や物権的請求権の補完のための個別的法理というのではなく，不当利得という独立の制度が観念され，かつ，制度としても設定されている。

■不当利得法は財産法秩序を補完する機能を果たすものであるので，その規範内容は，補完の対象となる財産法上の制度の性質に依存する。

■典型的な給付利得の場合には，受益・損失・因果関係という要件にはほとんど意味がない。

■法律上の原因がなく利益を受けているかどうか，この点がまさに不当利得の存否を決するのである。そして，不当利得の類型もまた，この「法律上の原因」の類型として提示されている。

■類型論は同じ不当利得であっても効果が異なるものがあるということを導く点に，解釈上の意義がある。……給付利得の場合には，703 条（704 条）はそのままの形では適用されていない。

TECHNICAL TERMS

不当利得　物権的請求権　不法行為　法定の債務発生原因　給付利得・侵害利得　求償　同時履行の抗弁・危険負担　現存利益　転用物訴権　価値返還請求権　非債弁済　不法原因給付　クリーン・ハンズの原則

REFERENCES

加藤雅信・財産法の体系と不当利得法の構造（有斐閣，1986）

　不当利得に関する類型論を，広く実定法の各領域にわたり具体的に展開したもの。本文でも述べたように，類型論に関してはこれ以前に，磯村・川村両教授などの精力的な研究をはじめとして，多くの研究がなされているが，上記のものがその集大成であると言える。なお，川角由和・不当利得とはなにか（日本評論社，2004）も参照。

■ UNIT 11　事務管理など──委任と事務管理の境界は？

■参照条文■　697 条〜702 条，529 条〜532 条

＊みかた 4-8

（事務管理）

第 697 条　① 　義務なく他人のために事務の管理を始めた者（以下この章において「管理者」という。）は，その事務の性質に従い，最も本人の利益に適合する方法によって，その事務の管理（以下「事務管理」という。）をしなければならない。

② 　管理者は，本人の意思を知っているとき，又はこれを推知することができるときは，その意思に従って事務管理をしなければならない。

　　第 1 節では不当利得について説明をしたが，**第 2 節**では事務管理，そして，**第 3 節**ではその他の債務発生原因にふれたい。

第*2*節 事 務 管 理

Ⅰ 位置づけ

事務管理とは，義務なしに他人の事務の管理をすること，ないし，そのことから生じる法律関係のことである。事務管理によって管理者は本人に対して一定の義務を負う。たとえば，隣人の不在中に台風があり隣家が壊れたので修理をしておいた，あるいは，その修理を頼んだというのは事務管理にあたるが，その場合，隣人の利益にかなうようにその事務を完了する必要がある。この義務は契約にもとづくものではない。その意味では，事務管理は，不法行為・不当利得と並ぶ**法定の債務発生原因**であると言える。しかし，事務管理には，管理者に一定の権利・権限を付与するという側面もある。そして，こちらの面にむしろ事務管理の特色が現れている。

二つに分けて述べよう。第一に，事務管理者は一定の場合に不法行為責任を免れる。本来，他人の身体や財産は他人の管理に属するのであり，隣人がそれに関与する権限はない。勝手に，人の身体・財産に介入するのはそれらを侵害することになる。しかし，事務管理の要件を満たす場合には，不法行為責任は負わない（民698条参照）。第二に，事務管理者は，事務の管理に要した費用（有益費）の償還を請求することができる（民702条参照）。委任の場合とやや異なるが，それでも無償委任の場合とほぼ同じく，費用は回収できるわけである。このように，事務管理を行うことは不法行為にならず，むしろ，契約関係があるかのような扱いを受ける。この点に着目すると，事務管理は契約に準ずるもの（＝**準契約**）であるとも言える（**図表11-1**〔次頁〕）。

以上のように考えてくると，契約と不当利得・不法行為の間という事務管理規定の位置は，その法定債務性とその準契約性をよく表しているということができるだろう。

不法行為・契約との関連で，次の二点にもふれておいた方がよいだろう。一つは，事務管理は不法行為にならないと述べたが，場合によっては，事務管理的な行為をしないことが不法行為になることがあるという点である。い

図表 11-1 委任と事務管理の対比

	委 任	事務管理
義務の発生	契約による （643条）	管理を始めたことによる （697条）
事務の内容	事実行為も可 （656条）	事実行為も可 （697条の解釈）
費用の償還	費用＋利息 （650条1項）	（条文上は）費用のみ （702条）
報酬の請求	特約による	できない

わゆる隣人訴訟（⇒本シリーズ契約編）で，子どもを見ていてくれるよう頼まれた側の親は不法行為責任を問われたが，これは，一定の状況に直面した場合には一定の作為義務が発生し，不作為が不法行為となるということであった。このように，他人の利益に配慮する行為は，ある段階に達すると事務管理となるという限度で消極的に推奨され，さらにある段階に達するとそれをしないと不法行為になるということで積極的に推奨されるのである。もう一つ，事務管理は契約のない場合に問題となるが，実は，事務管理と事実的契約関係・黙示の契約の境目ははっきりしない。契約の論理で処理ができる部分はそれにより，それを超える部分は事務管理で，ということであろうが，これらのものが連続的なものであることにも注意する必要がある。

　結局，問題は，はっきりと頼まれないのに何かをする（しなければならない）ということをどのくらい積極的に認めるかということにかかわる。他人の利益に介入しないというのがいわゆる近代法の原則であるが，事務管理はそれが妥当かどうかを具体的に考えさせる法制度であると言える。

Ⅱ　要件効果

　要件効果については，条文にある通りである。要件としては，「義務のないこと」「他人のためにすること」「管理の開始」「本人の利益への適合性」があげられる。効果の中心は，管理者に一定の義務が生じるということである。具体的には，事務管理継続義務（民700条），通知義務（民699条）のほ

か，報告義務（民 645 条），引渡義務（民 646 条），金銭支払義務・賠償義務（民 647 条）などが生じる（民 701 条）[1]。

Ⅲ　関 連 問 題

関連問題として，二つの点につき問題だけを指摘しておく。

第一に，**準事務管理**と呼ばれるものがある。これは，自己の事務でないことを知りつつ自己の事務として処理したが，「他人のためにすること」の要件を欠くので事務管理とは言えない場合を指す。このような場合に，本人の側は不法行為・不当利得の請求はできるだろう。しかし，この場合には請求の限度は自分が失った利益の範囲に限られる。そうだとすると，事務を処理した者が自己の才覚で得た利益は手元に残ることになるが，これが許されるかどうかが問題になる。準事務管理の概念は，この場合に利益の吐き出しを求めることができるようにしようということで，提唱されている。しかし，不法行為法によって解決すべきだとする見解も有力である（⇒**総論**〔UNIT 1〕**Ⅱ**_1_(2)）。実際に問題となるのは無体財産権の使用についてであるが，この領域では問題は立法によって解決されている（利得を全部返還させている）[2]。

第二に，事務管理者が本人名義で第三者との間で行った行為の効果は本人に帰属するかという問題がある。この場合，本人によかれと思ってしたのだから効果を帰属させてよいのではないかという見解もある。その是非はここでは問わないが，「本人によかれ」ということとの関連で言うと，たとえば意識のない病人について手術をすることに対する同意の問題なども隣接する問題として考える必要があるかもしれない。この問題は従来，夫婦関係や親子関係など家族関係のある人々の間での代諾の問題として議論されてきたが[3]，「本人によかれ」とは思っているが同時に「余計なお世話」でもあるという点に着目した議論も必要であるように思われる。

---

1)　第三者との関係につき，加藤 22-26 頁を参照。
2)　特許法 102 条など。
3)　大村敦志・家族法（有斐閣，第 3 版，2010）104-105 頁，268-269 頁。

第3節　そ　の　他

　その他の債務発生原因については，ごく簡単にふれるにとどめる。ここで
とりあげるのは，約定の債務を発生させるが契約ではない（両当事者の合意に
よるのではない）ものである。

I　一方的債務負担行為

　まず，当事者の一方のみが意思表示をすることによって債務が成立し，他
方はそれに対する受益の意図を含む一定の行為をすればよいように見えるも
のがある。

1　懸　賞　広　告

　民法529条は，ある行為をなした者に報酬を与えると広告した者Xは，
その行為をなした者Yに報酬を与える義務を負うと定めている。これを懸
賞広告という。この場合，Xの意思表示を申込み，Yの行為を承諾ととら
えることもできないわけではない。民法典は懸賞広告を契約の成立のところ
に規定していることからすると，懸賞広告は成立の特殊なパターンとして理
解されていたようである。

　しかし，YがXの申込みを知っていようがいまいが，ある一定の行為さ
えすればXは債務を負担するというのだから，これはむしろ停止条件付の
債務負担行為（単独行為）であると言うべきだろう。

2　保　証　書

　民法典は懸賞広告に関する興味深い規定を持っているわけだが，似たよう
なものではるかに実際の重要性が高いものとして保証書がある（次頁に，実
際に用いられているものをサンプルとして掲げる）。保証書の発行者（販売店であ
ることもあるがメーカーであることが多い）は，誰と決まっているわけではない
が，ある特定の商品の購入者に対して，保証書に記載された義務を負うと自

■■■■
洗濯機 保証書　　　　　　　　　　　　　　　出張修理

形名　　　　　　　　　製造番号

ふりがな
お名前　　　　　　　様　☎
お客様　〒
ご住所

取扱販売店名・住所・電話番号

本書は、記載内容の範囲で無料修理をさせていただくことをお約束するものです。
保証期間中に故障などが発生した場合は、お買いあげの販売店に修理をご依頼のうえ、本書をご提示ください。お買いあげ年月日、販売店名などご記入漏れがあります等無効です。記入のない場合は、お買いあげの販売店にお申し出ください。
ご転居・ご贈答品などでお買いあげの販売店に修理をご依頼できない場合は、取扱説明書に記載しております「お客様ご相談窓口のご案内」をご覧のうえ、お客様ご相談窓口にお問い合わせください。
本書は再発行いたしません。大切に保管してください。
保証書の控えの情報は、保証期間内のサービス活動およびその後の安全点検活動のために利用させていただく場合がございます。
保証書の個人情報の取扱いにつきましては、下記をご参照ください。
http://www.▲▲▲▲.co.jp/──────────

■■■■株式会社 〒000-0000 ==========
お問合せ先：お客様相談センター
固定電話・PHSからはフリーダイヤル：　0120-XXX-XXX
携帯電話からはナビダイヤル：　　　　 0570-XXX-XXX
フリーダイヤル・ナビダイヤルがご利用いただけない場合
　　　　　　　　　　　　　　　　　　 03-XXXX-XXXX

保証期間　　お買いあげ日　　　　　　本体は1年間
　　　　　　年　月　日より　ただし、密閉機械部分は3年間

〈無料修理規定〉
1. 取扱説明書・本体注意ラベルなどの注意書にしたがった正常な使用状態で、保証期間内に故障した場合には、本書に従い無料修理いたします。
　　ただし、離島およびこれに準ずる遠隔地への出張修理は、出張に要する実費をいただきます。
2. 保証期間内でも、次の場合には有料修理となります。
　　(イ) 本書のご提示がない場合。
　　(ロ) 本書にお買いあげ年月日・お客様名・販売店名の記入がない場合、または字句を書き換えられた場合。
　　(ハ) 使用上の誤り、または不当な修理や改造など、取扱説明書やそれに類する書面にて弊社が禁止している事項に抵触したことで発生した故障・損傷・冷媒漏れ。
　　(ニ) お買いあげ後の引っ越しなどによる取付場所の移設、輸送、落下などによる故障・損傷・冷媒漏れ。
　　(ホ) 火災・公害・異常電圧・定格外の使用電源(電圧、周波数)、および地震・落雷・突風・風水害・塩害・ガス害(硫化ガスなど)その他天災地変など、外部に原因がある故障・損傷・冷媒漏れ。
　　(ヘ) 保証書の製造番号が本体の製造番号と一致しない場合。

　　(ト) 一般家庭用以外に使用された場合の故障・損傷・冷媒漏れ。(例えば、寮、理容院や美容院、病院など、一日の使用回数が一般家庭に比べて多い場合および業務用など)
　　(チ) 車両・船舶などに備品として使用された場合の故障・損傷・冷媒漏れ。
3. 環境への配慮のため、修理に際して再生部品・代替部品を使用する場合があります。また、修理後、交換した部品は弊社が任意に回収のうえ適切に処理致します。
4. 本書に基づき無料修理(製品交換を含む対応)をおこなった製品の保証期間は、最初のご購入時の保証期間が適用されます。
5. 本書は日本国内においてのみ有効です。
　★ 3年間保証の密閉機械部分とは、次のものをいいます。
　　• 放熱器(凝縮器)・圧縮機・毛細管・冷却器・配管。
　★ 本保証書はお客様の法律上の権利を制限するものではありません。
　★ 保証期間経過後の修理または補修用性能部品の保有期間につきましては、詳しくは取扱説明書をご覧ください。

修理メモ

ら宣言している。この場合にも，保証書上の記載を申込み，そして，商品の購入または保証書への名前の記入を承諾と構成することもできる。

　しかし，保証書の発行者はある特定の人と契約を結ぶわけではない。多くの場合，誰であれ商品と保証書を持っている者に対して義務を負うというのが保証書の趣旨であろう。したがって，商品と保証書が第三者に譲渡されることも考えられる（**図表11-2**〔次頁〕）。そうだとすると，むしろ，保証書発行によって債務負担は成立しており，その債務を化体した書面が流通していると見た方がよいのではないか。これは手形における創造説の見方に似ている。

図表 11-2　保証書の法律関係

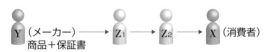

Y (メーカー) ⟶ Z₁ ⟶ Z₂ ⟶ X (消費者)
商品＋保証書

　　創造説　　手形上の債務発生原因となる振出し・引受けなどの行為を「手形行為」と呼ぶが，その法的性質をどう見るか（手形理論）につき学説上の争いがある。契約説が，手形行為は契約であるので，手形債務の発生には当事者の意思にもとづいて手形が授受されることが必要であると解するのに対して，創造説は，手形作成行為だけで手形債務が発生すると解する。なお，創造説（二段階創造説）は手形行為を手形債務負担行為と手形権利移転行為からなるものとしてとらえるようになっているようである[1]。

Ⅱ　集団的法律行為

　　次に，一方当事者 X が多数の同質の契約相手 Y との関係を規律するために設定した規範が，Y の同意を得ることなく Y を拘束するという場合がある。

1　労働協約・就業規則[2]

　　労働協約は，使用者と労働組合の間で労働条件などについて締結される合意であるが，これに違反する労働契約はその効力を失う[3]。すなわち，個別契約に優先して労働協約の規定が強行規定的に適用されるのである。そして，また，労働協約が一事業場における労働者の 4 分の 3 以上に適用されるようになると，当該協約は残りの（同種の）労働者にも適用される[4]。以上のように，労働協約は組合が締結する合意であるが，その組合員を個別に拘束し，さらに場合により組合員以外の労働者をも拘束する（**図表 11-3**）。

---

　1)　前田庸・手形法・小切手法入門（有斐閣，1983）36 頁以下。
　2)　大内伸哉・労働条件変更法理の再構成（有斐閣，1999）。
　3)　労働組合法 14 条・16 条。
　4)　労働組合法 17 条。

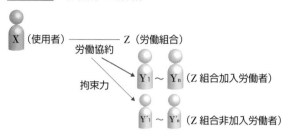

図表 11-3　労働協約の法律関係

X（使用者）——— Z（労働組合）
　　　　　　労働協約
　　　　　　　　　　　Y₁ 〜 Yₙ（Z 組合加入労働者）
　　　　　拘束力
　　　　　　　　　　　Y'₁ 〜 Y'ₙ（Z 組合非加入労働者）

また，使用者の作成する就業規則も労働契約に優先して適用される[1]。これは使用者が一方的に作成するものではあるが，過半数組合または労働者の過半数の代表者の意見を聴取しなければならない[2]。

② 約　　款

以上のように，代表原理を媒介として法律行為の拘束力が当事者以外に拡張される場合があるが（就業規則の場合には届出義務も拘束力の根拠だろう），これに類似したものとして一般の約款の問題を位置づけることも可能である。日本では，ここ 30 年来，約款を純粋な契約に還元しようという傾向が強いが（⇒本シリーズ契約編），相手方の代表者の関与と主務官庁の監督を根拠に拘束力を拡張するという方向は検討に値すると言えよう。そのためには，労働協約・就業規則との比較対照にもとづく研究が必要だろう。

> **約款に関する新規定**　　いわゆる債権法改正においては，「定型約款」に関する規定が新設されるに至った（新 548 条の 2 以下）。そこでは約款の採用につき，契約理論によるのでは十分に説明できないルールが示されているが，こうしたルールは本文末尾で述べたような制度性の高い約款にのみ妥当するものであり，およそ約款一般には妥当しない。今後，定型約款に関する規定は，契約理論と齟齬をきたさないように解釈適用されていくことになろう（⇒本シリーズ契約編）。

---

1)　労働基準法 89 条・93 条。
2)　労働基準法 90 条。

MAIN QUESTION

委任と事務管理の境界は？

KEY SENTENCES

■事務管理者は，事務の管理に要した費用（有益費）の償還を請求することができる。委任の場合とやや異なるが，それでも無償委任の場合とほぼ同じく，費用は回収できるわけである。

■他人の利益に配慮する行為は，ある段階に達すると事務管理となるという限度で消極的に推奨され，さらにある段階に達するとそれをしないと不法行為になるということで積極的に推奨される。

■保証書の発行者はある特定の人と契約を結ぶわけではない。……保証書発行によって債務負担は成立しており，その債務を化体した書面が流通していると見た方がよい。

■代表原理を媒介として法律行為の拘束力が当事者以外に拡張される場合があるが，これに類似したものとして一般の約款の問題を位置づけることも可能である。

TECHNICAL TERMS

事務管理　法定の債務発生原因　準契約　準事務管理　債務負担行為

REFERENCES

平田健治・事務管理の構造・機能を考える（大阪大学出版会，2017）

　この問題に関する最近の包括的研究。事務管理の意義は，理論上も実際上も小さくない。

■ UNIT 12　契約・不法行為の位置づけ
——どのように協働しているか？

```
第5章　契約・不法行為以外の債務発生原因
　第4節　契約・不法行為の位置づけ
　　Ⅰ　契約・不法行為の相互関係
　　　1　競合的関係
　　　　(1) 現　象　　(2) 検　討
　　　2　補完的関係
　　　　(1) 現　象　　(2) 検　討
　　Ⅱ　契約・不法行為と法秩序
　　　1　私的領域の設定
　　　　(1) 自由化　　(2) 社会化
　　　2　私的領域の補完
　　　　(1) 介入の手段　　(2) 介入の原理
```

■参照条文■　なし

第*4*節　契約・不法行為の位置づけ

　第*1*節～第*3*節で，不当利得など契約・不法行為以外の債務発生原因についての説明を終えたので，**第*4*節**は，狭い意味での総括にあてたい。具体的には，「契約・不法行為の位置づけ」ということで，両者の相互関係（内部的関係，Ⅰ）と両者とそれをとりまく法システム全体との関係（外部的関係，Ⅱ）について述べたい。見出しは抽象的だが，一般の概説書に出ているテーマで言うと，請求権の競合，契約責任の拡張，契約自由の原則とその制限，などが関連する。

Ⅰ 契約・不法行為の相互関係

1 競合的関係

（1） 現　　象

これまでにとりあげた例から考えてみよう （図表12-1）。

たとえば，①安全配慮義務。使用者の過失により職場で労働者が死亡したという場合，安全配慮義務違反で損害賠償請求ができる。安全配慮義務は雇用契約に付随する義務であると考えられているので，これは債務不履行を理由とする賠償請求，すなわち，契約責任ということになる。しかし，同じ事故について不法行為にもとづく損害賠償請求はできないだろうか。逆の例は，②医療過誤のケース。医師が手術等の医療行為においてミスを犯し患者に損害を与えたという場合，不法行為責任が追及されることが多い（東大輸血梅毒事件やルンバール・ショック事件を思い出してほしい）。しかし，考えてみると，この場合には，診療契約というれっきとした契約もあり契約責任も成立しそうに見える。

以上の事例は，契約責任・不法行為責任のいずれも成り立ちそうだが，一方の法律構成がとられることが多いというものである。これを「重複的競合」（古典的競合・静態的競合）と呼んでおこう。

次に，もう少しこみ入った例をあげてみよう。一つは，③製造物責任である。製造物責任の場合，当事者は直接の契約関係に立つ場合もあるが（売主＝製造者かつ買主＝被害者の場合），そうでない場合もある（売主≠製造者または買主≠被害者の場合）。製造物責任（＝特殊な不法行為責任）はどちらの場合にも追及できるが，前者の場合には契約責任の追及も可能であるように思われる。また，後者の場合にも法律構成いかんによって契約責任の追及が可能である（フランス法。瑕疵担保責任が転得者に移転する。保証書による責任と類似の考え方）。もう一つ，④契約交渉段階における責任も見てみよう。この場合，一方当事者の交渉破棄は，不法行為とされることも多いが，契約締結上の過失の法理によるべきであるとする判例・学説もあり，その場合，この法理は契約責任の法理であると解されている。

以上の事例は，契約責任でカバーできるところに不法行為責任が現れる，

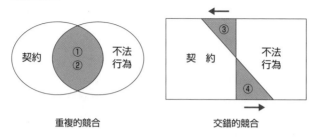

図表 12-1　契約と不法行為の競合関係

重複的競合　　　　　　　　交錯的競合

逆に，不法行為責任の担当領域であるように見えるところに契約責任が現れるというものであると言える。これを「交錯的競合」（現代的競合・動態的競合）と呼んでおこう（ただし，古典的競合との差は相対的なもの）。

（2）検　討

以上の現象について考えるべき問題は二つある。

一つは，どちらを使うことも可能であるように見える場合にはどちらを使ってもよいかという問題である。これは古くから「**請求権競合**」と呼ばれている問題である。先の①②などは典型的な請求権競合の例である。請求権競合問題については，競合説（どちらでもいける）と非競合説（どちらかでしかいけない）という二つの見解があるが，どちらにせよ同じ問題について2度は争えないという点に異論はない（競合説をとっても不法行為責任で負けたら契約責任で訴えることは認められていない）。そうだとすると，問題は，1度の訴訟において，二つの法律構成（いまここでは契約と不法行為）のうち一方を強制するか選択を許すかということである。どちらでも要件効果に変わりはないということであれば，この問題は意味がなくなるが，実際には，たとえば契約責任と不法行為責任とでは要件が違っており，どちらでいくかによって有利・不利が生ずる。その有利・不利の選択を当事者に委ねるというのが競合論，一律に決めるというのが非競合論である。これは，民事訴訟法の訴訟物論争ともからむ問題であるが，一時は，非競合論が優勢に立ち，具体的には，契約と不法行為であれば，不法行為という一般の人々の間に生ずる規範ではなく契約という特定の当事者間に生じる規範を優先適用すべきだと言われた（ちなみにこの立場に立てば，②の法律構成や③のうち当事者間の場合の構成はおか

しいことになる。また④も一定の前提——契約前に契約関係があるとする——をとらない限りおかしい）。ただし，判例は一貫して競合説をとってきたと言われている。

> **訴訟物論争** 訴訟物とは，本案判決の主文で判断すべき事項の最小基本単位であるとされている。昭和30年代に展開された訴訟物論争では，この訴訟物の拡がりをどのようにとらえて画するが争われた。新旧両説が対立したが，旧説によれば，債務不履行や不法行為が訴訟物であるとされるのに対して，新説は，債務不履行や不法行為は法的観点であり，訴訟物はもう一段上の「1回の給付を是認される地位」であるとした[1]。旧説は請求権競合論と，新説は非競合論と結びつきやすいが，必然的な結びつきがあるわけではない。

　しかし，最近では，学説上有力であった非競合論に対して疑問も生じてきている。あるいは，むしろ，問題は異なる次元に移りつつあると言うべきだろう。比喩的に表現すると，非競合論に従って，いったんはすみ分けられたかに見えた契約と不法行為の領域が，再びクロスするという現象が生じているのである。それは，③④のような例がよく示すところである。契約関係があろうとなかろうと製造物責任については不法行為構成がよい，医療事故についても（旅客運送事故についても）同様である。裁判例にはこのように考えるものが多い。つまり，これらのケースでは，契約責任の領域に不法行為法が侵入しているのである。他方，契約の成立前であっても契約責任が成り立つという考え方がある。同様に，契約当事者に対してでなくとも契約責任が及ぶべきだという考え方も見られる（製造物責任で被害者≠買主の場合）。これらのケースでは，時間の面で，また，主体の面で**契約責任の拡張**が主張されているわけである。

　前者の傾向は日本の判例に顕著に見られるものである。後者はドイツの学説の影響を受けた日本の学説に見られるものである。以上の背景には，ドイツでは不法行為責任の拡張が難しかったために契約責任の拡張がはかられた

---

1)　高橋宏志・重点講義民事訴訟法（上）（有斐閣，第2版補訂版，2013）25頁以下。

が，日本ではそのような困難がなかったこともあり，判例は不法行為責任を好む傾向にあるという事情がある。判例は，契約責任でいけるとしても，不法行為でもいけるならばそちらでいってもよいというのである。

　　契約責任と不法行為責任の異同・その１──立証責任　　契約責任と不法行為責任とでは，立証責任に差が生じると言われたが，今日では，安全配慮義務や医療過誤などでは，どちらの構成をとっても大きな差は生じないと考えられるに至っている。

　　また，特に医療過誤の場合には，義務の程度に関しても，契約責任とするか不法行為責任とするかで差は生じない。医師である以上，契約関係の有無にかかわらず一定の注意義務が課されると解されるからである。もっとも，安全配慮義務の場合には，この考え方は妥当しない。観念的には，契約関係がある場合に当事者間に生じる義務と契約関係にない場合に一般人として負う義務との間には，義務の程度に差が生ずると解すべきである。しかし実際的には，契約関係（あるいはより広い意味での先行行為）が存在する場合には，不法行為法上の義務の程度が高くなることはありうる。

　　契約責任と不法行為責任の異同・その２──時効期間／主体による区別・その５　　従来は，時効期間の違い（契約責任は 10 年，不法行為責任は 3 年）は，この二つの責任の間に存在する最大の違いであるとされてきた。しかし，このような帰結を疑問視する意見も強かった。債権法改正は，この点につき部分的な統一を実現した。すなわち，新法は長短二つの時効期間を一般化したが（新166 条 1 項），人身損害については，契約責任であれ不法行為責任であれ短期は 5 年，長期は 20 年という規律を採用した。一般には，契約責任ならば 5 年と 10 年（新166 条 1 項），不法行為責任ならば 3 年と 20 年が時効期間となるが（新724 条），人身損害についてはより長い時効期間が特則として定められたわけである（新167 条が新166 条 1 項の長期期間を 10 年から 20 年とし，新724 条の 2 が新724 条の短期期間を 3 年から 5 年にしている）。この改正は，被害者が個人である場合には特別な保護を認められたことを意味するが，ある意味では新法がもたらした最大の革新かもしれない。

　ところが，一部の学説は，通常は不法行為責任にしかならないところを契約責任にしようと主張する。ここに至って請求権競合問題は別の形で再び問

題となることになる。この問題を解くためには，単に非競合と言って済ませるのではなく，契約と不法行為の相互関係についてもっと立ち入った考察が必要となる。そこで，視点を変えて，競合ではなく補完という観点から，契約と不法行為の関係を見てみることにしよう。

2 補完的関係

（1）現　象

一方で，①契約締結上の過失，②契約の第三者保護効，③契約の余後効など，契約責任の拡張は確かに著しい傾向である（ドイツ流の学説の傾向）。①②についてはすでに述べた通りであるが（**1**(1)の④③にほぼ対応），③はたとえば，契約終了後の（特約によらない）守秘義務・競業避止義務などが考えられる（**図表12-2**）。

図表12-2　契約責任の拡張

他方，判例は，④製造物責任はもちろんだが，⑤価格設定者の責任（独占禁止法による責任），⑥広告関与者の責任，⑦資金提供者の責任などを認めることがある。また，⑧契約交渉過程における不当勧誘も不法行為責任で規律

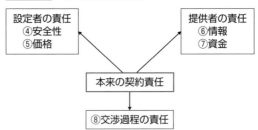

図表12-3　不法行為責任の拡張

されることが多い。これらは取引に関連する不法行為責任ではあるが，契約の締結以前の責任，契約の当事者以外の責任を認めるためのものであると言える（**図表12-3**）。

（2）検　討

以上の二つの傾向は，一見すると相反する方向のもののように見えるかもしれない。しかし，その根底には共通の認識があるように思われる。それは，今日では，契約当事者間の責任，契約継続中の責任を問題にしただけでは片づかない問題が増えてきているという認識である。そして，本来は責任の生じない領域での責任発生を根拠づけるためには，契約責任の拡張，不法行為責任の導入，の二つが考えられるというわけである。

それでは，この問題をどのように処理すればよいのだろうか。結論は平凡であるが，結局，どちらか一方で統一的に処理することはできないだろう。もちろん，あるところまでは，契約法の論理に従った処理ができるだろう。特に，不当勧誘の問題に関しては，法律行為論（錯誤・公序良俗違反）などを改革することによって，（広義の）契約法はこれまで以上の機能を果たすことができるはずである。また，医療過誤のケースなどは不法行為責任を問題にする必要性は乏しいように思われるので，これも契約法への回収が可能なところだろう[1]。しかし，そのようにして契約法の機能不全を除去するとしても，なお，契約法ではどうにもならない領域は残らざるをえない。それらの領域については，不法行為法による補完がなされざるをえないだろう（**図表12-4**）。

図表12-4　契約と不法行為の関係（まとめ）

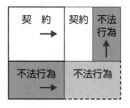

1）　ただし，契約責任とする実際上のメリットは乏しい（鈴木678頁，内田328-329頁など）。

II 契約・不法行為と法秩序

1 私的領域の設定

(1) 自由化

　契約・不法行為をそれをとりまく法システムとの関係で見てみよう。そうすると，ここで言えることは，契約・不法行為という制度は，人々の自由の領域を確保する，あるいは設定するための制度となっているということである。

　契約については，近代法においては「**契約自由の原則**」が存在すると言われる。その内容は以前に述べた通り（⇒本シリーズ契約編），締約の自由，方式の自由，そして内容決定の自由の三つに分かれるが，そのうちでも重要なのは内容の自由である。つまり，契約内容は当事者が自由に決定することができる，合意によって決めさえすれば，それでその内容通りの拘束力を持つということである。債権法改正ではこれを明文化する新521条2項が設けられたが，それ以前から，法律行為あるいは契約という概念そのものにこのことは含まれている，あるいは民法90条はこのことを前提にしていると言われてきた。

　内容決定の自由があるということは，具体的には次のことを意味する。それは，一方で，どのような内容を決めても国家権力はその内容に干渉しないということ（消極的側面），他方，訴訟になった場合には，国家権力はその内容通りの債務の実現に協力してくれるということ（積極的局面）である[1]。このような保障があるがゆえに，人々は契約による物・サービスの交換を安心して行うことができるわけである。比喩的に言うならば，国家は，自由放任主義の監護者（親や教師など）のイメージでとらえられる。普段は子どもが何をしていても干渉しないが，けんかになった場合には子どもたちが決めたルール通りに問題を処理するわけである。

　次に，不法行為についてであるが，不法行為については「**過失責任主義**」

---

[1]　星野7頁参照。

が近代法の原則であると言われる。それは，過失により損害を与えた者は，その損害を賠償しなければならないという考え方である。このことを表すのは言うまでもなく民法 709 条である。

　　しかし，裏返して見ると，過失責任主義は，過失なき限り（他人に損害を与えないように一定の注意をしていれば）何をしてもよいということを意味していると見ることができる（⇒**序章**〔**UNIT 2**〕**I 1**(2)）。むしろ，この面が重要であると言える。これも比喩で言うならば，他人に迷惑をかけた場合にはしかるけれども，そんなことがないように注意していさえすれば何をして遊んでもよい，というわけである。これもやはり放任主義であろう。

(2) 社 会 化

　　契約自由と過失責任主義の支配する社会では，人々は自分の利益は自分で守ることを期待される（自己責任）。取引で損をするのは自分の責任だし，相手方に過失のない行為によって損害を被るのは仕方のないことである。確かに，損失の機会，被害の機会がすべての人々に公平に存在するならば，このような考え方には，一定の合理性があると言えるだろう。しかし，実際には，今日では，契約のかなりの部分は，対等な地位に立ってはいない当事者によって締結される。その典型例が消費者契約（⇒本シリーズ契約編）である。また，不法行為についても，加害者は企業，被害者は住民・消費者であることが多い。そうだとすると，人々の自由を保障する契約自由や過失責任主義は，社会的強者にとっては弱者を貪ることを正当化する考え方であることになる[1][2]。

　　このような弊害は，20 世紀になってから，特に 1960〜70 年代以降はっきりとした形で意識されるようになった。そこで，契約法においては契約自由の制限が，不法行為法においては過失責任主義の克服が，それぞれ現代法の課題として語られるようになったというわけである。ここでも比喩に訴えるならば，子どもにまかせておけばよいと思っていた親や教師は，それではい

---

1)　契約につき，星野 22 頁，広中 361-362 頁などを参照。
2)　不法行為につき，加藤 407 頁以下を参照。なお，過失責任主義の意義を再認識すべきことを説く潮流につき，潮見 11-13 頁。同 14-16 頁，157-160 頁も参照。

けないと反省して，子どものために一定の介入を行うこととし，「こうしな
さい」「ああしなさい」と言うようになったというわけである。これまで自
分の都合で行動すればよかった子どもは，他人に対する配慮を要求され，そ
のために親や教師から指図を受けることになったのである。

　これに対する反発として，1990年代以降，**規制緩和論**が賑やかであること
は周知の通りである。しかし，手放しの契約自由，過失責任主義がそのまま
では機能しないであろうことにはほぼ異論はない。問題は，過干渉にならな
い程度の，適度な介入をいかに行うかということである。「規制緩和」とい
う用語に代えて「規制改革」という用語を用いる論者も現れているが，すべ
ての規制が「善」ではないことを前提にしつつ，いかに規制を用いるかを考
えなければならないのである（別の比喩を用いるならば，「規制」＝「くすり」と
いう対比が有効か。くすり漬けを避ける必要はあるが，くすりなしの状態への逆行は
考えられない）。

　　私的領域の再編成——権利と関係・状況　　不法行為法において保護される
べき「権利」を措定するということは，その権利に対する侵害は原則として違
法とされることを意味する。これに対して，定型的に保護されるべき権利を観
念することは避けつつ，一定の関係・状況のもとにおいて保護が要請される
「利益」が措定されることもある。この場合，後者の判断には，前者ほど厚い保
護はふさわしくないという判断が含まれているわけだが，同時にそこには，こ
うした中間的な保護からより厚い保護へと進む可能性が含まれている場合があ
ることにも留意する必要がある。私的領域における権利・利益の状況は不法行
為法によって日々再編成されていると見ることができるのである。

② 私的領域の補完
（1）　介入の手段

　いま述べたような事情によって，それまで私的領域に委ねられていた取引
社会に国家が干渉するようになったわけだが，国家の干渉・介入にはいくつ
かの方法がある。

　契約においては，契約内容に規制を加える（公序良俗の概念を拡張する，あ
るいは，強行規定を制定する）というのが代表的な方法である（⇒本シリーズ総

則編）。また，不法行為では，無過失責任主義の導入がこれにあたるだろうか（⇒**第4章〔UNIT 9〕第4章のまとめ**）。これは，いわば，「こうしなさい」「こんなことをしてはいけない」という命令・禁止の規範が強化されているということである。

　契約内容そのもの，あるいは，帰責基準そのものではないが，ほかに，契約締結過程における情報提供義務を課すとか，因果関係の推定規定を設けるなども，ある種の介入であると言えよう。そこでは，「お兄さんなんだから教えてあげなさい」「お姉ちゃんの方が悪いはずだ」という間接的なルールが設定されているわけである。

　もっとマイルドな規制手段もある。これらは，直接に契約の効力や責任の存否などにかかわるものではない。たとえば，契約の場合，今日，非常に広い範囲で使われている約款について，これを作成する事業者に対して，事前に担当官庁に届出をさせるようにして内容の公正さを担保するといったことや，業界団体をつくってそこで標準約款を作成させるといったことが考えられる。不法行為の場合には，特別な紛争処理機関を設けるとか，強制保険制度を設けるといったことが考えられる。これらは，「予め相談しなさい」「お互いによく相談しなさい」とか「困ったら誰それに相談しなさい」といった忠告・助言，あるいは，誘導が行われているということである。

（2）　介入の原理

　契約自由の原則，過失責任主義を支える人間観・国家観というのは，人間については「**自律的な強い個人**」，国家については「**夜警国家**」であったが，これらの原則に反して国家が取引社会に介入するとなると，それを正当化するに足りる新たな人間観・国家観が必要になる。これは実定法の根底を支える法思想の問題である。ここでこの点に立ち入ることはできないが，「資源・能力の制約の中でそれなりに合理的な行動をとる個人」（**限定的合理性を備えた個人。**⇒本シリーズ総則編）と，その個人の行動に対して「国民の要請に応じて可能な限度で適度な支援を与える国家」（**応答・支援する国家。**⇒本シリーズ総則編）というイメージが追究されるべきだろう（**図表 12-5**〔次頁〕）。再び，子どもの監護の比喩によるならば，ある程度の自律性を備えつつも援助を期待している青年と，節度のある配慮・適度な支援は惜しまない監護者，

図表 12-5　契約法・不法行為法における個人＝国家のイメージ

古典的イメージ
　　自律的な強い個人＋夜警国家
　　　　　↓
新しいイメージ
　　限定的合理性を備えた個人＋応答・支援する国家

ということになるだろう。しかし，実際には，過剰干渉や配慮不足が生じる
ことは子どもの監護の場合と同じである。望ましい「程度」は問題ごとに試
行錯誤によって探究されなければならない。

> 　**応答の責任**　　責任を示す responsibility/responsabilité は「応答」(response/
> réponse) に由来し，「応答性」と訳すべき語である。そう考えるならば，「応答
> 性」は現代国家の属性であるばかりでなく，現代社会に生きる個人の負うべき
> 属性であるとも言える。私たちは孤立した個人ではなく，他の個人からの問い
> かけに対して，定型的にあるいは状況に応じて応答することを期待されている。
> そのような存在であることが「責任」を負っているということにほかならない。
> では，私たちは相互に直接に，あるいは，社会を構成し国家を形成することに
> よって間接的に，他者に対してどのような責任を負うのか。不法行為法（国家
> の責任を追及する国家賠償法を含む）は，この問題につき，ミクロ・レベルで
> （個人のイニシアティブにより個別の訴訟を通じて）調整を行っていく仕組みで
> あると言えるだろう（⇒**補論**〔**UNIT 13**〕）。

MAIN QUESTION

どのように協働しているか？

KEY SENTENCES

■今日では，契約当事者間の責任，契約継続中の責任を問題にしただけでは片づかない問題が増えてきている。……そして，本来は責任の生じない領域での責任発生を根拠づけるためには，契約責任の拡張，不法行為責任の導入，の二つが考えられる。

■内容決定の自由があるということは，……一方で，どのような内容を決めても国家権力はその内容に干渉しないということ（消極的側面），他方，訴訟になった場合には，国家権力はその内容通りの債務の実現に協力してくれるということ（積極的局面）である。

■人々の自由を保障する契約自由や過失責任主義は，社会的強者にとっては弱者を貪ることを正当化する考え方であることになる。……そこで，契約法においては契約自由の制限が，不法行為法においては過失責任主義の克服が，それぞれ現代法の課題として語られるようになった。

TECHNICAL TERMS

請求権競合　契約責任の拡張　契約自由の原則　過失責任主義　規制緩和論
自律的な強い個人と限定的合理性を備えた個人　夜警国家と応答・支援する国家

REFERENCES

北川善太郎・契約責任の研究（有斐閣，1963）
石田喜久夫・現代の契約法（日本評論社，初版，1982，成文堂，増補版，2001）
内田貴・契約の時代（岩波書店，2000）
奥田昌道・請求権概念の生成と展開（創文社，1979）
四宮和夫・請求権競合論（一粒社，1978）

　最初のものは，契約責任の拡張に関する古典的な研究。次のものは，1970年代からの意思主義の復権を代表する論者の手になる。第三のものは，関係的契約理論から出発した著者の1990年代の研究を集めた論文集で，この時期の契約法学を代表する業績。

　最後の二つは，請求権競合に関する代表的研究だが，これらを通じて，実体

法と手続法の関係に関する洞察が深められた。なお，請求権競合をより一般化した形で，複数の制度の競合が問題にされるに至っている（奥田昌道編・取引関係における違法行為とその法的処理——制度間競合論の視点から〔ジュリスト合冊版，1996〕）。

補 論 社会変動と民法

■UNIT 13　社会変動と民法──法はいかに生成するか？

補　論　社会変動と民法
　　　　Ⅰ　「構造」と「出来事」──公害・製造物責任
　　　　Ⅱ　「規範」と「意識」
　　　　　1　意識から規範へ
　　　　　2　規範から意識へ
　　　　Ⅲ　判例と学説の協働

＊不法行為判例（全編）

　『新基本民法6 不法行為編』の枠内で述べるべきことがらについては，一通り説明を終えた。補論では，私が「民法学習で大切なこと」だと思っているいくつかのことを述べて，まとめに代えたい。

　これからも引き続き民法を学習する人にとっては，今後の学習の指針の一つとして，あるいは，もうこれからは民法とはかかわりを持たない（持ちたくない）という人にとっては，少なからぬ時間を費やして学んだことを，最後にもう一度振り返る機会として，何らかの意味があればと願っている。

　話は，次のような単純な事実からスタートする。日本民法典の誕生は19世紀末（1898年施行）のことであり，以後，近年まで100年余にわたって，民法典（財産法部分）は内容上はさほど大きな修正を受けなかったという事実である（比較的大きな修正は，1971年の「根抵当」の追加，1999年の「成年後見」の修正，2003年の「担保」の修正，2004年の「保証」の修正・追加である。その後，2017年には債権法改正が実現したが，本書で扱った部分は改正の対象外とされている。ただし，724条の修正，724条の2の追加など重要な改正が付随的になされ

たことには注意が必要である）。

　しかし，このことは，人々の社会関係（日常生活・取引活動）の基本部分を
規律する民法典が，激動の20世紀を通じて全く変化しない「不磨の大典」
であったことを意味するわけではない。社会の変動は，民法典そのものの規
定を修正しなかったとしても，判例の形成により，また，特別法の制定によ
り，現実に適用される法規範の内容は，場合により大きく変化した。その意
味では，法典が持っている静態的な外観にかかわらず，民法は絶えず生成す
る，社会に開かれた動的な存在であると言える。このことをもう少し詳しく
述べるのが，以下の話のテーマである。

　すなわち以下では，社会の変動と民法の関係について，見ていくことにす
る。繰り返しになるが，民法の「**体系**」としての側面ではなく，「**生成**」と
いう側面に光を当てたい。新しい規範の生成を促すのは，さまざまな社会的
な出来事である。出来事に対応することを通じて，それを規律する法の構造
そのものに次第に，あるいは急激に変化が生ずる（Ｉ）。また，システムそ
のものではなく，その担い手である主体の側によりシフトした観点に立って，
このことを見直すならば，法規範と法意識の関係に留意することが必要とな
る（Ⅱ）。なお，法規範と法意識を媒介するものとしての学説の役割も忘れ
てはならない（Ⅲ）。

Ｉ　「構造」と「出来事」——公害・製造物責任

　民法（民法典）の持つ**構造**と社会的な**出来事**の関係について，例をあげて
考えてみよう。ここであげる二つの例は，いずれも『新基本民法6 不法行
為編』で出てきたものである。本書の対象である不法行為法は社会の変動に
敏感に反応する部分である。同じことであるが，それは，人々の社会関係の
根幹中の根幹をなす部分でもあるので，法律家でなくとも，人は，不法行為
につき何がしかの規範意識を有している。そのため，本書でとりあげた出来
事のいくつか，とりわけ以下の例は，システムの変貌という観点だけではな
く，**生きられた法（法意識）**の変遷という観点から，民法の生成を見ていく
のにふさわしい例であるように思われる。

日本民法典に特有のことではないが，不法行為法は過失責任主義を原則としている。不法行為によって権利侵害を受けた者は，故意・過失と損害および両者の因果関係を主張・立証しなければ賠償を受けることができない（民709条）。この原則をそのまま適用すると，公害や製造物責任による被害の場合には，損害賠償請求は困難にならざるをえない。公害の場合には（薬害と言われた医薬品の製造物責任のケースも含めて），原因物質の特定，発病のメカニズムの解明，さらに因果関係の立証は，いずれも困難を極めることが多かった。また，製品の物理的な欠陥による事故（自動車や家電製品に関するものなど）に関しても，欠陥の特定が難しいことが多かった。

しかし，この点についてもよく知られているように，判例はさまざまな努力を積み重ねてきた。受忍限度論・過失の推定・間接反証理論・疫学的因果関係など，読者がよく知っているはずの理論が展開された。民法典の規定には全く修正は加えられなかったが，これらの理論によって不法行為理論は大きく変化することとなった。

もちろんその背景には，産業優先主義の弊害に対する国民的な反省があったといえる。悲惨な被害を直視した国民の声をバックに，判例・学説は理論的な革新に挑んだのである。

なお，不法行為法の領域においても立法の努力がなされなかったわけではない。鉱業法（1950年）から始まり，大気汚染防止法（1968年）・水質汚濁防止法（1970年）を経て，製造物責任法（1994年）に至るまで，広い意味での「無過失責任」を認める立法は少なくない（ほかにも，自動車損害賠償保障法，原子力損害の賠償に関する法律なども）。

Ⅱ 「規範」と「意識」

新判例の出現という出来事の集積によって，不法行為法（事故法）の構造が変貌した，という指摘は目新しいものではない。むしろ常識に属することといってよい。とはいえ，判例が民法（広く法一般）の「生成」の担い手であることは，何度も強調されてよいだろう。そして，新判例が定着するか否かは，その後の判例・学説の評価にかかっている。その意味では，民法（よ

り広く法一般）は法律家共同体の手によって，日々，生成していると言うことができるのである。しかし，それだけではない。判例あるいは特別法による法の生成は，一般市民の法意識の変化によって支えられている。また，いったん生成した新しい法規範は，逆に，人々の法意識に多少とも影響を与えないではいない。繰り返しになるが，不法行為の場合には，この相互作用は比較的はっきりとした形で認められる。

1　意識から規範へ

　すでに示唆したように，不法行為法においては，その変貌は直接には判例理論や特別法によるものの，これらの実現に向けて大きな役割をはたすのは，人々の法意識である。交通事故や公害の被害者をともかくも救済すべきだという法意識があってはじめて，裁判官は法創造に踏み切ることができた。

　もちろん，法意識にはその前提をなす社会的な事情があるわけだし，国民の法意識は明確な形で存在するわけでもない。その意味では，裁判官は直接に社会的な事情の影響を受けているとも言えるだろうし，また，国民の法意識といっても，その実体は裁判官が国民の法意識だと思ったものにすぎないという面もないわけではない。それにしても，「一般の人々はこう感じているだろう」という感覚が裁判官に作用していることは否定しがたいだろう。

　裁判官には法律による裁判が要請されている。その意味では，一時の世論の動向・一部の世論の主張に押されて法解釈・法適用が変化するのは，必ずしも望ましいことではない。司法部に専門裁判官を配するという国民の決定は，**専門的合理性**への信頼を前提としているともいえる。しかし，法の体系的整合性の維持と，衡平にかなった事案の解決という二つの要請のせめぎ合いの中から，新たな法が生成することを誰も阻止することはできないだろう。また，国民はそれを望んではいない。その意味では，裁判官の専門性は，国民に開かれたものでなければならないというべきだろう。

　このように限定された形ではあるが，国民の法意識は裁判官（の良心）を通じて，法の生成へと結びつきうる。もちろん，このメカニズムが適正に作動するためには，当事者の代理人である弁護士の活動，社会の事情や法の対応を伝えるマスコミの活動も重要である。

2 規範から意識へ

いったん成立した法規範は，今度は国民の法意識に影響を与える。とりわけ特別法の制定は，この点で大きな意味を持つことがある。その典型例は製造物責任法の立法に見られる。

各種の推定規定を置かなかった製造物責任法は，法技術的に見ると，大したイノベーションをもたらさなかったともいえる。逆の言い方をすれば，製造物責任法によって可能な程度のことは，一般不法行為法（民法）によっても実現可能であるともいえる。しかし，それにもかかわらず，製造物責任法の制定は国民の法意識に大きな影響を及ぼした。製品に欠陥があれば賠償請求をなしうるという消費者の意識，製品の安全性には十分に留意する必要があるという事業者の意識は，この法律の制定過程を通じて大いに高まったからである。それゆえ，裁判規範としての意義とは別に，立法（製造物責任法）はわれわれの行為規範に影響を与えたと見ることができる。

以上のように，生成の層において民法をとらえることは，民法のダイナミズムをとらえる上でまず必要なことである。そして，法を規範だけではなく，法意識との関連でとらえることもまた，判例や立法の役割を考える上で不可欠のことであるはずである。

Ⅲ　判例と学説の協働

何度も折にふれて述べているように，不法行為法は 1960～70 年代に大きく変貌した法領域である。この時期に，伝統的な考え方は，新たな社会問題に対応しようとする下級審裁判例や学説によって大きく揺さぶられた。その結果，新しい考え方の一部は最高裁をも動かすことになった。以上の結果として，不法行為法はダイナミックで興味深い法領域になっている。ただ，次のような点には注意が必要である。

第一に，判例理論と学説の主張との間のギャップが埋まっていない問題，さらには新たなギャップを生んでいる問題も存在することに，注意する必要がある。たとえば，遺族による慰謝料請求については，当初，判例はこれを

192 補　論　社会変動と民法

否定，学説は相続構成により肯定する立場をとっていたが，やがて，判例は学説の批判を受け入れた。しかし，その時点では，学説の大勢は固有権構成に移っていたので，現在では，請求の可否については一致があるが，法律構成は異なるという状況になっている。

　第二に，一見すると，新しい主張をしている学説も，実は，古くからの考え方を完全には捨てていないという点にも注意した方がよいだろう。たとえば，損害の概念につき，有力な学説は，損害＝事実説を主張している。しかし，この学説も，実際に損害を算定するに際しては，個別の損害事項を積み上げるという裁判実務の方法を踏襲しているように見える。もちろん，これは損害の金銭的評価の方法をどうするかという問題であり，損害自体の概念とは別の話であるという説明は可能であろう。ただそれでも，新しい損害概念と従前からの算定方法の関係については，もう少し説明があってもよいのかもしれない。

　不法行為法においては判例と学説の協働作業によって新しい法規範が生成している。この過程は複雑な過程であり，判例が学説に追いついておしまいという単純なものではない。追いついた後に，新たなギャップが生ずることは十分にありうるし，また，判例を否定する学説も直ちにすべてを否定しきれるわけではなく，ある部分では暗黙のうちに判例を前提としているということもある。したがって，不法行為法を理解するためには，このような動態の中で，判例・学説を見ていく必要がある。読者の中には，何らかの「正解」を念頭に置いて，判例と学説のどちらがそれに近いかと考えたい人もいるだろうが，両者はもっと相互影響的な関係にあるという視点——判例は自分の立場を前提としつつ，学説の主張を考慮している。学説もまた，新しい主張をしつつも，判例のある部分はふまえている——に立った方が，ことの実体をよくとらえることができるはずである。

MAIN QUESTION

法はいかに生成するか？

KEY SENTENCES

■100年余にわたって，民法典（財産法部分）は内容上はさほど大きな修正を受けずに今日に至っている。……しかし，このことは，人々の社会関係（日常生活・取引活動）の基本部分を規律する民法典が，激動の20世紀を通じて全く変化しない「不磨の大典」であったことを意味するわけではない。

■不法行為法は社会の変動に敏感に反応する部分である。

■判例が民法（広く法一般）の「生成」の担い手であることは，何度も強調されてよいだろう。そして，新判例が定着するか否かは，その後の判例・学説の評価にかかっている。その意味では，民法（より広く法一般）は法律家共同体の手によって，日々，生成していると言うことができる。

■国民の法意識は裁判官（の良心）を通じて，法の生成へと結びつきうる。

■裁判規範としての意義とは別に，立法はわれわれの行為規範に影響を与えた。

TECHNICAL TERMS

体系　生成　構造と出来事　生きられた法（法意識）　法律家共同体　専門的合理性

REFERENCES

大村敦志・不法行為判例に学ぶ――社会と法の接点（有斐閣，2011）

　著名な不法行為判例を素材に，社会と法の相互作用について検討したもの。同様の観点に立つ先駆的研究として，川井健・民法判例と時代思潮（日本評論社，1981）がある。

条 文 索 引

196

判 例 索 引

198

200

事 項 索 引

■ **著者紹介**

大村 敦志（おおむら・あつし）

1958 年生まれ

1982 年 東京大学法学部卒業

東京大学法学部教授を経て，現在，学習院大学大学院法務研究科教授

主要著書

民法研究ハンドブック（有斐閣，共著，2000 年）

民法総論（岩波書店，2001 年）

生活民法入門（東京大学出版会，2003 年）

もうひとつの基本民法Ⅰ・Ⅱ（有斐閣，Ⅰ：2005 年，Ⅱ：2007 年）

民法のみかた（有斐閣，2010 年）

消費者法（有斐閣，第 4 版，2011 年）

民法学を語る（有斐閣，共著，2015 年）

広がる民法 1（有斐閣，2017 年）

人間の学としての民法学 1・2（岩波書店，2018）

新 基 本 民 法 1〜8（有 斐 閣，7：2014 年，8：2017 年，1・4〔第 2 版〕：
    2019 年，5〔第 2 版〕：2020 年，3〔第 2 版〕：2021 年，2〔第 3 版〕：
    2022 年）

新基本民法 6　不法行為編　法定債権の法　第 2 版
Nouveau droit civil fondamental 6, Restitutions-Responsabilité

平成 27 年 11 月 20 日　初　版第 1 刷発行
令和 2 年 4 月 30 日　第 2 版第 1 刷発行
令和 6 年 5 月 25 日　第 2 版第 4 刷発行

著　者　　大　村　敦　志

発行者　　江　草　貞　治

　　　　　　東京都千代田区神田神保町 2-17
発行所　　株式会社　有　斐　閣

郵便番号 101-0051
https://www.yuhikaku.co.jp/

印刷・株式会社精興社／製本・大口製本印刷株式会社
Ⓒ 2020, Atsushi OMURA. Printed in Japan
落丁・乱丁はお取替えいたします。
★定価はカバーに表示してあります。
ISBN 978-4-641-13834-6